戸矢学

ヤマトタケル 巫覡《かんなぎ》の王

たった一人の征討とは？

河出書房新社

まえがき——英雄秘話

ヤマトタケルが日本古代史のスーパー・ヒーローであることに誰も異論はないだろう。南九州から出雲、伊勢、尾張、関東全域に至るまで（東北にも少なからぬ事績がある）、その活躍振りは人間業ではない。

なにしろ交通機関といえば小さな帆船くらいしかない時代に、わずか数年の間に日本列島を縦断して片っ端から蛮族を征討しているのである。

十六歳で西日本の熊曽建《くまそたける》（球磨嚕哸多祁流《くまそおたける》・川上梟帥《かわかみたける》）と出雲建《いずもたける》などを討ち、二十八歳からは東日本を転戦し、三十歳にして旅先で病死するまでの波乱に満ちた生涯は「悲劇の英雄」とも称される。父・景行帝から嫌われていたかもしれないという点など、いかにも日本人好みの典型である。後世、日本人の特性として「判官贔屓《ほうがんびいき》」という言葉が生まれるが、その原点こそはヤマトタケル伝説にあるだろう。

後に、初代征夷大将軍・坂上田村麻呂《さかのうえのたむらまろ》（七五八〜八一一）が皇軍多数を率いて十数年転戦して戦果を挙げているが、それに先んずること数百年の昔に、ほぼたった一人で（従者は数人）大活躍したのであるから、それが事実とするならこれはもうスーパーマン以外の何者でもないだろう。本家スーパーマンのように空を飛べぬまでも、それに匹敵するなにか「特別な能力」が備わっていたとでも考えなければ、とても信じられない記録である。本書は、それを解き明かすのが目的である。ヒントは本書副題の「巫覡《ふげき》」にある。一文字ではどちらも「かんなぎ」と読むが、聞き慣れない言葉であろう。詳細は本文にて。

通説では「武」に優れていたともされるが、記・紀の記録では、ほとんどその様子は稀薄であって、むしろ武勇に反するかのような行動が克明に記されていたりもする。たとえば女装して熊曽建を騙し討ちにしたというエピソードなどはその典型で、出雲でも出雲建を欺して佩刀を交換した上で殺害している。目的達成のためには手段を選ばないというやりかたは、日本人好みとは相反するものであるが、それでもなぜか「英雄《ヒーロー》」とされている。はたして後世の通説が創り上げた幻想か、それとも記・紀に延々と録されるだけの特別な理由があったのか、本書ではいずれも真相を解析するための新たな視点を提示する。

ちなみに「ヤマトタケル伝説」を通読して感じるのは、どの振る舞いにも、「タケル」という名にふさわしい、いわゆる「男らしい勇猛さ」は見られず、むしろ「卑怯なやりかた」や「愚痴」「嘆き」といった傾向の見られることは、この人物がさながら「女性」なのではあるまいかとの印象さえ抱かせる。これは決して女性性をおとしめているわけではなく、日本においては男女の役割が区別されていた歴史が長く、この伝説が生み出された時代においても同様にある種の「男らしさ」「女らしさ」

が浸透していたことは、他の多くの記述・伝説の価値観と共通しているからである。

そのような時代的背景があってこそ、伝説にみるヤマトタケルの姿や振る舞いには、どちらかといえば、というような曖昧なものではなく、明確に「女性性」が浮き上がっていると思わざるを得ないだろう。彼を引き立てたのは母であり叔母であり何人かの愛《いつ》くしんだ女性たちであるので、そういった環境のなせるものか、あるいは「ヤマトタケルの正体は女性であった」などという異説さえあるほどである。

奇しくもヤマトタケルが活躍した時代からまもなくして、今度は「女性でありながら稀代の英雄」ともされる人物が歴史に登場する。神功皇后（息長帯姫《おきながたらしひめ》・大帯比売《おおたらしひめ》）である。夫であった仲哀天皇の崩御に際して、天皇に代わって皇軍を率い、三韓征伐をおこなった、という。しかも妊娠中で、この大事を成し遂げた直後に出産、その子が後の応神天皇（ホムタワケ）となる。すなわち八幡神のことである。

男女の英雄譚が奇しくも同時代に連続しているのは、この時代の人々の好みなのかと言えば、あるいはそれもあったかもしれないが、より納得される説明はやはり、「ヤマト朝廷による、朝鮮半島南部をも含む日本全土の平定」であるだろう。ヤマトタケルと神功皇后に託された役割は、まさしくその一点であったのではないだろうか。

とはいうものの、だからといってその神話が史実であるということにはならない。むしろ良く出来た創作であるほうが人々の心に入りやすく、また残りやすいというもので、それは後世の説経節やお伽噺にも言えることだ。むろん、「史実を下敷きにしてアレンジしたストーリーである」とも言えることであるが。これについては本文であらためて検証したい。

ところでヤマトタケルは『古事記』では「倭建命」、『日本書紀』では「日本武尊」と表記されているが、その読み方についてはこれまでいくつかの説がある。記・紀は基本的に漢字のみの表記であって、しかもその漢字には読み仮名いわゆるルビというものは存在しない。したがって、ほとんどの場合、読み方は後世の研究によるものである。ただ、その研究方法も、ヒントがないわけではなく、とくに『古事記』は本来、「口伝」であって、文字表記はいわゆる万葉仮名であるから、音読みによる訓読が基本になっているはずである。とすれば、呉音を前提に一字一音として『古事記』の表記の多くは解読できることになる。

ただそれでも例外はあって、その代表的表記がヤマト語（訓読み）の固有名詞への当て字である。代表的事例こそは先に示した倭建命と日本武尊である。ここには音読み（呉音）は一文字もない。つまり完全なる当て字である。共通するルールに従えば「わ・けん・めい」「にち・ほん・ぶ・そん」とならなければならない。

そこで、これらの漢字に当て嵌めたヤマト訓は何なのか。同じ言葉であるはずなので、意味から探るという方法も参考になるだろう。そして絞られた果てに結論されたのが、「ヤマト・タケ」と「ヤマト・タケル」の二者であった。

「ヤマトタケ」とする説は主に明治以降から戦前までの文献等に見られる傾向であるが、その際に指摘されてきたことは、より古い文献であり、現存する最古の文献でもある『古事記』において「倭」と「建」はそれぞれ何と訓読されているかという一点に尽きるということである。

八年後に編纂された『日本書紀』の「日本武尊」はこれを踏まえているのであるから、「倭＝日本」「建＝武」がそれぞれ同じ訓読になる。そして「倭」は「ヤマト」であることは他の事例に明らかであるから「日本」も「ヤマト」に当てたものであると解釈できる。ところが「武」は「タケ」とも「タケル」とも事例があった。

しかし一例ではあるが『古事記』に直接的な参照例が存在する。

出雲建を倭建が打ち取った時の歌に、次のように記述されている。

「伊豆毛多祁流賀　波祁流多知」（いずもたけるがはけるたち）

歌は、記・紀ともに万葉仮名で記されている。これだけが共通するルールと言ってもよいくらいである。

そしてこのくだりは「出雲のタケルが腰に帯びた大刀」ということで、すなわち出雲建の建はタケルと読んでいる。したがって、倭建命はヤマトタケルと訓読していたことは間違いないだろう。

なお、「日本」を「ヤマト」と訓読するのが『日本書紀』の凡例規則であるとするならば、そもそも表題の『日本書紀』は「にほん・しょき」と読むはずがないのだが、読者の方々はいかがお考えであろうか。

令和三年五月

戸矢　学

ヤマトタケル　巫覡《かんなぎ》の王――たった一人の征討とは？◉目次

装幀——市川衣梨
カバー写真©ＰＩＸＴＡ

ヤマトタケル　巫覡《かんなぎ》の王

——たった一人の征討とは？

第1章　ヤマトタケルの伝説と神社……全国各地に存在する不思議

全国各地に鎮座する「ヤマトタケル神社」

記・紀の記述にはないにもかかわらず、ヤマトタケルがその地を来訪したとの伝説は全国各地にあって、そのうちのほぼすべての当該地に「ヤマトタケル（倭建命・日本武尊）」を祭神とする神社が鎮座している。それらは「全国に分布している」と言ってもよいほどである。この事実に従えば、ヤマトタケルは日本の歴史上初めて全国を行脚した人物ということになる。

しかしこれらの中には、史実とは無関係に伝説が生まれたと考えられるものも少なからず散見する。おそらくは、この最も有名な英雄にこの地へ来て欲しかったという願望に基づいた創作に始まったものが、いつしか人々の信ずるところになってしまったものもあるだろう。

そしてまた、他の理由によるものもあるだろう。

その理由こそは、ヤマトタケル伝説の本当の意味を教えてくれるものであって、さらに言えば、ヤマトタケルの本来の姿を浮かび上がらせてくれるものではないかと私は考えている。

とくに北関東から東北地方における鎮座地は、ヤマトタケルの来歴にまったく登場しないところが大半であるが、各地に伝承されている由来をつなぎ合わせると、忽然として「東征軍の陸路」が浮かび上がってくる。

すなわちこれは、何者かがヤマトタケルの名義をもって朝廷の意向のもとに東征をおこなったという痕跡であろうと私は解釈している。第十代・崇神天皇の時に「四道将軍」を全国へ派遣したように、その皇孫たる第十二代・景行天皇も踏襲したとも考えられる。

そしてその軍略は全国各地で同時期におこなわれた。たとえ誰か別人が代行したものであるとしても、むろん指示命令は朝廷によるものであるだろう。それ以外に当時、全国各地を征討する目的を持つことはありえないからである。

そして、その征討経路の上（史実も空想も含めて）に、ヤマトタケル神社は創建されている。これらの神社の信仰域こそは、ヤマト朝廷の版図そのものであるだろう。

ヤマトタケルを「本社・主祭神」としている神社は全国に一六二四社。「境内社・祭神」としている神社は同二九九社。合計で一九二三社である。

祭神名は、神社によっていくつかの表記法があるのだが、それぞれの多い少ないは別として、左の一覧のように二十九種存在する。

『古事記』では、当初「小碓命《をうすのみこと》」と称し、またの名を「倭男具那命《やまとをぐなのみこと》、倭男具那王《やまとをぐなのみこ》」、そして最終的に「倭建命《やまとたけるのみこと》、倭建御子《やまとたけるのみこ》」となっている。

『日本書紀』『先代旧事本紀』では、当初「小碓命」と称し、別名「日本童男《やまとをぐな》尊」、最終的に「日本武尊」となっている。

いずれも本書巻末の資料編「記・紀　現代語訳」を参照されたい。名前の表記については、原文でどの表記がどこで記されているかそのまま反映しているので、前後の矛盾も含めて確認できる。

なお巻末資料では、記・紀の「ヤマトタケルの段」の記述全般について、理由は不明であるが、表記齟齬がところどころに確認できるようにもなっている（直訳を前提としているため）。

最も典型的な事例は、ヤマトタケルの佩刀である草薙剣《くさなぎのつるぎ》が、まだ草を薙いでいない時期からすでにそう呼称されていることであるだろう。そもそもの由来に従えば、この剣は天叢雲剣《あめのむらくものつるぎ》とスサノヲが名付けてアマテラスに献上されたものであって、伊勢でヤマトタケルに与えられた時には、まだ呼称はそのままでなければならない。ところが、倭比売《やまとひめ》命（倭姫命）が伊勢で授与した時から、すでに草薙剣と名を変えてしまっている。記・紀には、これに類似の齟齬がところどころに見られる。

またこれは巻末資料にはないが、ヤマトタケルが天皇になっていないことは明らかであるにもかかわらず、『常陸国風土記』や『阿波国風土記』逸文などでは「倭武天皇」「倭建天皇」という表記も見られる。征討の際にみずからそのように名乗ったのか、あるいはそういった通達や伝聞があったのか不明であるが、少なくとも次の天皇であるとの認識はすでに一部にあったということであるだろう。

ちなみに「ヲウス（小碓）」という名について、『日本書紀』に由来説明がある。そもそも出生時は

小碓尊
小碓之命
小碓命
神日本武尊
神倭健尊
神倭武之命
大日本武尊
大日本武命
大和尊之命
大和武尊
大和武命
日本健命
日本建尊
日本武神
日本武尊
日本武尊命
日本武大神
日本武大尊
日本武大命
日本武命
日本武雄命
雄碓命
倭健命
倭建尊
倭建之命
倭建命
倭男具那命
倭武尊
倭武命

ヤマトタケルの祭神名表記一覧（神社本庁登録神社より）

双子であって、景行天皇はこれを怪しんで臼（碓）に向かって叫んだことにちなんで大碓命・小碓命と名付けたとされている。

古来わが国では双子は不吉であるとされていて、地方によっては生まれた時に片方を殺害あるいは捨て子とする風習があった（後には里子に出したりもした）。

なお「ヲグナ（童男／男具那）」という呼称は、「未婚の男子」を意味する抽象名詞である。つまり個人名ではない。他に用例が見られないために、あたかも個人名のように扱われているが、一般名詞にすぎない。


なお、神社に祀られている祭神名としての最多は、

「日本武尊」で一三五〇社。

これに対して、

「倭建命」はわずか六六社である。

これは祭祀創祀に際して、大多数の神社が『古事記』ではなく『日本書紀』に依拠していたことを、ほぼ意味すると考えてよいだろう。まだこの時期には「倭」という漢字が卑字であるという認識があったとは考えられないので、単に朝廷に阿《おもね》ったか強制された結果であろう。

ただしこれらの神社そのものが『古事記』が編纂された七一二年にまだなかったと断定はできないので（祭神名だけ後世に変えられた可能性もあるため）、すべてを『日本書紀』依拠と断定することはできない。

少なくとも「倭建命」とされている神社六六社は、『古事記』の表記としているので、創建時にまだ『日本書紀』を参照することができなかったか、あるいは後世の創建であっても、あえて『古事

記』の表記を信奉したか、等々の理由があったのかもしれない。『日本書紀』は「国書」（公文書）として政策的に浸透したであろうから、それに従わないということは時の朝廷に異を唱えることにもなる。当時の神社は、直接間接にその管理下支配下にあるゆえ反旗を翻すことは難しかったと思われるので、政策的に阿ることがあっても当時としてはごく自然の成り行きであろう。

七一二年の時点では「ヤマト＝日本」という表記はまだ存在しておらず、公式には七二〇年に出現したものである。

たとえば武蔵国二宮である金鑽《かなさな》神社は、祭神を日本武尊とし、鎮座の由来伝承も「由緒」に、「景行天皇四十一年日本武尊東征の折、御姨倭比姫命より賜った火鑽金火打石を御室山に収めて天照大神素盞嗚命二柱を奉斎し、尊は欽明天皇の御時配祀された。」とあるように、ヤマトタケルが創建したが、ヤマトタケルのみは後世に追加で祀られたと説明している。であるならば、祭神名が日本武尊となっているのも当然かもしれない。

しかしそもそも当社は元は丹生《にう》神社であって、その鎮座は『日本書紀』編纂の七二〇年よりも『古事記』編纂の七一二年よりも古くに遡るものである。したがって、この伝承と実際の創建とは関わりがない。ある時に、「丹生」から「金鑽」に、いわば看板を掛け替えたわけである。それはヤマトタケル東征の後のことである。武蔵国二宮といえば社格も高く歴史も古い。その大社古社でさえ、このような経緯があるのだから、地方の小社末社は推して知るべしというものだろう。

▼金鑽《かなさな》神社（通称　二宮様《にのみやさま》）埼玉県児玉郡神川町二ノ宮

【祭神】天照大神　素盞嗚尊　（配祀）日本武尊

都道府県名	ヤマトタケル神社鎮座数
01 北海道	8
02 青森県	4
03 岩手県	22
04 宮城県	38
05 秋田県	38
06 山形県	70
07 福島県	66
08 茨城県	89
09 栃木県	47
10 群馬県	147
11 埼玉県	110
12 千葉県	118
13 東京都	110
14 神奈川県	137
15 新潟県	59
16 富山県	11
17 石川県	19
18 福井県	17
19 山梨県	56
20 長野県	59
21 岐阜県	66
22 静岡県	48
23 愛知県	213
24 三重県	28
25 滋賀県	29
26 京都府	9
27 大阪府	5
28 兵庫県	14
29 奈良県	6
30 和歌山県	13
31 鳥取県	8
32 島根県	10
33 岡山県	20
34 広島県	24
35 山口県	7
36 徳島県	24
37 香川県	15
38 愛媛県	10
39 高知県	15
40 福岡県	48
41 佐賀県	15
42 長崎県	16
43 熊本県	10
44 大分県	19
45 宮崎県	15
46 鹿児島県	11
47 沖縄県	0
合計鎮座数	1923社

県ごとの分布状況

ちなみに、ヤマトタケルを祭神として祀っている神社の全国分布を見てみると、別表のように愛知県が二一三社で第一位となるのだが、実は埼玉県と東京都は合わせて武蔵国であったので、合計数二二〇社でそれを上回ることとなる。そして全国でもトップということになる。これが何を意味するのか、以下に探ってみたい。

ヤマトタケルと武蔵国

個人的な話で恐縮だが、私の生まれ育ったところは埼玉県西北部の寄居町というところで、荒川が貫く秩父盆地の入り口、荒川と街道とが狭い谷間にせめぎ合う城下町である。戦国時代末期に鉢形城の攻防戦で多少は知られるようになったが、それまでは広く知られるような場所ではなかった。特別な産物もなく、際立った遺跡もないような痩せた土地である。

ところが、この界隈には古代よりヤマトタケルに由来する伝説が少なくない。児玉郡神川町の金鑚神社、寄居町の釜山《かまやま》神社、長瀞町の宝登山《ほどさん》神社、秩父郡の武甲山御嶽神社、そして三峯神社、両神《りょうかみ》神社など。秩父市だけで一九社、本庄・児玉で一四社、寄居町で三社など数多く鎮座している。

ちなみに埼玉県のヤマトタケル神社は計一一〇社に及び、東京都の一一〇社と合わせた旧・武蔵国

金鑚神社拝殿

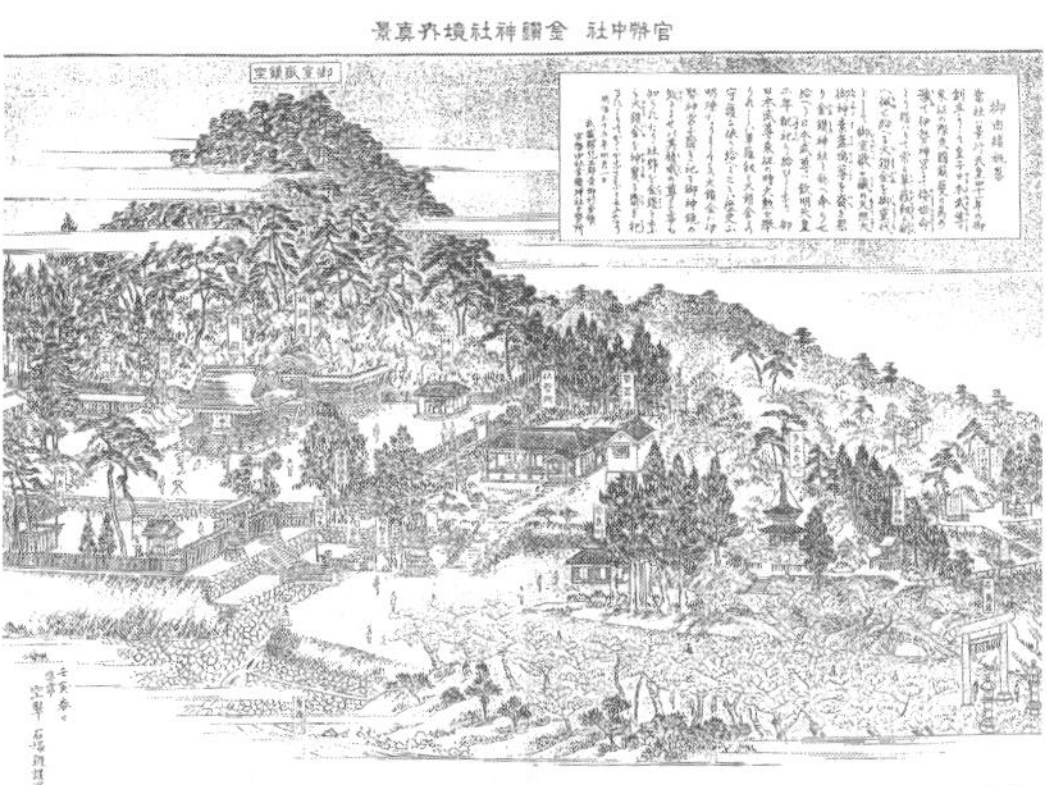

御嶽山全景

としては、先述したように二二〇社に及ぶ。県別では群馬県の一四七社が突出しているが、国別では武蔵国が圧倒的に多い。これに続くのは神奈川の一三七社、千葉の一一八社であるが、両県は周知のように東征の足跡が記・紀に明記されている。

なお、例外は愛知県の二一三社であるが、これは美夜受比売《みやずひめ》との結婚、草薙剣をヤマトタケルが置いていったという伝承があって、しかもそれを御神体とする熱田神宮が鎮座するところから、後世多くの勧請・分祀がおこなわれているためである。とりわけ勧請・分祀・配祀は、戦前の数十年間をピークに「愛国心」の高揚によって一時ブームのようになったことも影響しているだろう（その後、合祀が進んで減少傾向となった）。

例外は北海道八社、青森四社、熊本一〇社、鹿児島一一社、沖縄〇社である。

北海道・青森はヤマトタケルの東征後も依然として蝦夷地であって、ヤマトタケル神社はもちろん、神社そのものの創建がすべて後世のものである。

また、熊本は熊襲《くまそ》族の、鹿児島は隼人《はやと》族の勢威が維持され続けており、それぞれの族徒が祀る縄文由来の祭祀拠点はあるものの、ヤマトタケル神社は後世のものである。

沖縄・奄美は、ヤマト朝廷にとっては一種の「化外《けがい》の民」である琉球人の国であって、そもそも神社はなく、ヤマトタケル神社もついに創建されなかった。

▼三峯《みつみね》神社（通称　三峰山）埼玉県秩父郡大滝村三峯

【祭神】伊弉諾尊　伊弉册尊　（配祀）天之御中主神　高皇産靈神　神皇産靈神　天照皇大御神　景行天皇　文武天皇　聖武天皇

三峯神社奥宮

『三峯神社由緒』にこう記されている。

「景行天皇が国を平和になさろうと、皇子日本武尊を東国に遣わされた折り、尊は甲斐の国（山梨）から上野国（群馬）を経て、碓氷峠に向われる途中当山に登られました。尊は当地の山川が清く美しい様子をご覧になり、その伊弉諾尊・伊弉册尊が我が国をお生みになられたことをお偲びになって、当山にお宮を造営し二神をお祀りになり、この国が永遠に平和であることを祈られました。これが当社の創まりであります。その後、天皇は日本武尊が巡られた東国を巡幸された時、上総国（千葉）で、当山が三山高く美しく連らなることをお聴き遊ばされて「三峯山」と名付けられ、お社には『三峯宮』の称号をたまわりました。」

神社創建の由来というものは、ほぼすべて文書はなく、口伝である。文字化されたのは後世であって、ひとたび文字化されればほとんど異同なく伝わるが、口伝の段階では「かくありたい」との願望によって多少の改変や脚色があっても当然というものだろう。時には完全な創作さえあったかもしれないが、それも創建由来の必然であると、私は考えている。考古学ではないのだから、信ずる者が長年月にわたって宮を支えているならば、それがすでにして歴史というものであろう。

なお、三峯神社は祭神としてはヤマトタケルを祀っていないが（後に境内摂社として日本武神社を設けている）、三峯と同様に、祭神としていないにもかかわらず、創建の由来がヤマトタケルによるものであるという伝承を持つ神社はこの武蔵国（東京＋埼玉）には少なくない。たとえば以下の三社も、その典型であろう。

▼五條天神社《ごじょうてんじんしゃ》（通称　五条天神）東京都台東区上野公園
【祭神】大己貴命　少彦名命　（配祀）菅原道眞
「第十二代景行天皇の御代、日本武尊が東夷征伐の為、上野忍が岡をお通りになられた時、薬祖神二柱の大神に御加護を頂いた事を感謝なされて、此の地に両神をおまつりされましたのが当社の御創祀であります。」と『御縁起』は記す。
東京日本橋本町にある薬事協会ビルの屋上に、薬祖神社として分霊を祀っていることでも知られるこの神社は、日本武尊が創祀したとされるが、ご覧のように日本武尊は祭神として祀られていない。

▼宝登山《ほどさん》神社（埼玉県秩父郡長瀞町長瀞）
【祭神】神日本磐余彦尊　（配祀）火産靈神　大山祇神
「日本武尊は勅命により東北地方平定の後、御凱旋の途次当山にお登りになり、山頂にて御三柱の神をお祭りあそばされたのが、当神社のはじめと伝えられます。尊が登山に先立ち心身をお浄めになられた「玉の泉」はいまなお御社殿後の玉垣内に遺されております。また御登山の途中山火事のため進退きわまったとき、多くの巨犬が現われ火を消し止めてお助け申し上げたといわれ、この巨犬は大口《おおぐち》真神《まがみ》すなわち御眷属《ごけんぞく》で、火災盗難除けの御守護として霊験あらたかであります。このゆえ「ホド山」は古くは「火止山」であったが、後世「寶登山」に改めたのであります。」と『寶登山神社参拝のしおり』に記される。三峯神社で広く知られるようになった眷属の大口真神すなわちオオカミが狛犬となっている。「しおり」には「巨犬」と記されているが、神使としてのオオカミには「お犬さま」という呼称もある。

▼椋《むく》神社（通称　椋宮・井椋《いぐら》様）埼玉県秩父市下吉田

【祭神】猿田彦大神　武甕槌命　經津主命　天兒屋根命　比賣神

「龍勢《りゅうぜい》」という一種のロケットを打ち上げる龍勢祭りで有名な神社であるが、社伝によれば、ヤマトタケルが東征の際、光を放つ「矛」に導かれてこの地までやってくると、椋《むく》の木影から猿田彦命が現れて道案内を務めたことから、この矛を御神体として、猿田彦命を祭神として創建したという。つまり龍勢とは、この由来にちなんだ「光を放つ矛」のことであろう。


ご覧のように、三社ともヤマトタケルは祀られていない。

にもかかわらず、その創建の由来はヤマトタケルによるものである。

おそらくそれは、当初においてヤマトタケルが祀った祭祀形態を、大前提として尊重している結果であろう。ヤマトタケルの創建の意向を尊重すればこそ、むしろ変えることなく祀り続けるのが本旨であるとの思いがあるのかもしれない。いずれにしても、創建時の祭祀形態を守り続けるというのは信仰の原点である。

なお、こういった祭祀形態の神社は関東には少なくない（つまりそれらは祭神にヤマトタケルが含まれていないため「ヤマトタケル神社」の登録数に含まれていないということである！）。祭神にヤマトタケルの名があるか否かが、何らかの意味を示唆するものであるとすれば、一つの仮説は建てられる。それについては次章で解読したい。

また、主祭神としてではなく、由来にもとづいて「合祀」や「配祀」として後世に追加して祀られたものもあって、以下の二社はその典型であろう。

▼吾嬬《あづま》神社　東京都墨田区立花

【祭神】弟橘姫《おとたちばなひめ》命　（合祀）日本武尊

海を渡るヤマトタケル一行が嵐に遭遇した時、その后・弟橘媛が、自ら生贄となって嵐を鎮めた。その後、岸に流れ着いた媛の遺品をヤマトタケルみずから祀ったのが起源とされる。ここに、後年合わせ祀られたものであるが、その時期は不明である。

▼武《む》蔵《さし》御《み》嶽《たけ》神社　東京都青梅市御嶽山

【祭神】櫛眞智命　大己貴命　少彦名命　（配祀）日本武尊　押武金日命

武蔵御嶽神社の由来にはこのように記される。

「神社創立は今より二〇六〇余年前、人皇第十代崇神天皇七年と伝えられ同第十二代景行天皇の御代日本武尊御東征のおり、御岳山頂に武具を蔵した為、武蔵の国号が起ったといわれています。」

当社は右のように二重構造となっている。御嶽神社の創建は崇神天皇の御代に、そして武蔵を冠した現在の姿になるのはヤマトタケルの東征の時のこととされている。

ただ、多くの古社がすでにヤマトタケルの東征より以前にそこに鎮座していたものと考えられるところから、創建の由来がヤマトタケルに帰するとのみ伝えられていても、それが看板の書き換えであった可能性は否定できない。

▼瀬田玉川神社《せたたまかわ》（通称　御嶽神社《みたけ》　お御嶽さん《みたけ》）東京都世田谷区瀬田

【祭神】日本武尊　大己貴命　少彦名命

当社は主祭神を日本武尊としているが、当社の鎮座地から考えて、前身は大己貴命を祀る地神ではないかと推定される。ヤマトタケルの東征では、関東各地の信仰拠点を意図的に訪れている痕跡が見られるので、ここもヤマト朝廷の版図に取り込むための拠点としてとらえていたのであろう。

そもそも鎮座地「瀬田」は世田谷区の名称の語源であって、もとは「瀬戸」である。すなわち海辺を意味するもので、界隈には縄文時代の貝塚が数多く存在するところから、すでに縄文人の拠点であった。

また、古墳時代になると、玉川台古墳群を始めとする数多くの古墳が築造され、遺跡も多い。したがって、この地には王族かそれに準ずる豪族が長く依拠していたことは確かであろう。残念ながら宅地開発を優先したことで、歴史的な調査研究はほとんどおこなわれないままで、詳細は不明である。

また、多摩川の崖上に鎮座する姿が「山」のように見えたところから、「お御嶽《みたけ》さん」と通称されており、近年までは社名も「御嶽神社」であった。おそらくはしばしば氾濫する多摩川の守り神として古墳時代に創建されたもので、ヤマトタケルが立ち寄った際にはすでにこの地の中心として信仰されており、その祭神はもともとは地母神・大地神あたりではないかと推察される。そこに記紀神である大己貴命を勧請し、さらにヤマト朝廷への帰順の証しとして日本武尊を祀ったものであるだろう。このような祭祀方式は関東を始めとして全国的にも少なくないと考えられる。


それでは当初からヤマトタケルを祭神として創建された神社にはどのようなものがあるかというと、ヤマトタケル伝説の最後が「白鳥《しらとり》への化身」となっているので、「白鳥」ないしは「鳥」にちなんだ神社は、少なくともこの伝説を前提としていると考えてよいだろう。

たとえば「酉の市」で広く親しまれている大鳥神社は、ほぼすべて「ヤマトタケルの白鳥伝説」に基づいているところから、その死後に創建されたものであり、したがって純然たる「主祭神社」であると考えられる。

▼大鳥神社（通称　目黒のおとり様）東京都目黒区下目黒
【祭神】日本武尊　（配祀）國常立命《くにとこたちのみこと》　弟橘媛命

▼巣鴨大鳥神社（稲荷神社境内社）東京都文京区千石

【祭神】日本武尊

▼大鳥神社（通称　おとりさま）東京都練馬区石神井町
【祭神】日本武尊　大鳥連祖神

なお、同じ読み方でも鷲《おおとり》神社、あるいは鷲宮《わしのみや》神社、大鷲《おおわし》神社等は事情が異なる。

▼鷲《おおとり》神社（通称　おとりさま）東京都台東区千束
【祭神】天日鷲命　日本武尊

大鳥神社以上に酉の市での熊手守が有名であるが、もともと「鷲」を「おおとり」とは読まないことからもわかる通り、本来の主祭神は天日鷲命であろう。つまり、この神社は実は日本武尊は後から合わせ祀られたものと考えられる。

▼鷲宮《わしのみや》神社　埼玉県深谷市高畑
【祭神】武夷鳥命　天穂日命　日本武尊

▼大鷲神社　千葉県市川市高谷
【祭神】日本武尊

▼御嶽《みたけ》神社（通称　御酉様《おとりさま》）東京都渋谷区渋谷
【祭神】日本武尊

これら鳥神社の総本社は大阪の大鳥《おおとり》神社であるとされている。

▼大鳥神社（通称・大鳥さん／おとりさま）大阪府堺市西区鳳北町
【祭神】日本武尊　大鳥連祖神

ヤマトタケルが死後に化身した白鳥は、この地へ飛来したとされる。それが当社創建の由来とされるのだが、この神社の成り立ちを精査すると、必ずしもヤマトタケルに帰するとは考えにくい面もあって、詳細は最終章第5章「ヤマトタケル、その死の伝説」であらためて述べたい。

なお、「大鳥神社」は全国に六二社鎮座し、そのうち二一社は東京都（武蔵国）にある。「鷲神社」「大鷲神社」は全国に二五社鎮座し、そのうち五社が東京都（武蔵国）にある。埼玉県には、いずれも一社ずつのみ。

「白鳥神社」は、全国に一四〇社鎮座し、北は北海道から南は鹿児島県まで広がっている。名称から判断するに当然ながら「白鳥伝説」に基づいた創建であるだろう。

なお「白鳥」は「しらとり」もしくは「しろとり」と読む。「はくちょう」ではない。『古事記』では白い浜千鳥としている。『日本書紀』は種は特定していない。

一〇社以上が鎮座する都道府県のみ挙げておこう。

宮城県一〇社　岐阜県一五社　愛知県二六社

▼白鳥《しらとり》神社（通称　城取《しろとり》神社）宮城県仙台市青葉区川内三十人町

【祭神】日本武尊

▼白鳥《しらとり》神社　岐阜県加茂郡七宗町白鳥

【祭神】倭建之命

▼白鳥《しろとり》神社　愛知県北設楽郡設楽町津具白鳥

【祭神】日本武尊　天照大神　伊弉册尊　菊理姫命　氣長足姫命　品陀和氣命　日女大命（配祀）菅原道眞

ヤマトタケル伝説に由来する多くの地名

先に示したように、長瀞・宝登山の地名は、ヤマトタケル伝説に由来するものであるが、この他にもあづま、さが、みえ、など数多くの全国の地名がヤマトタケルの神話・伝説に基づいて名付けられたとされている。後付けのものもあるだろうが、古代における地名の由来とはそうしたものだ。「よくぞここまで付会したものだ」というような感想を持つひとも少なくないと思うが、それぞれに似たような由来伝承はすでにあって、後にそれをヤマトタケルと連結したのではないかと私は推測している。

神話が必ずしも史実でないのは周知であるが、むしろ良く出来た創作であるほうが人々の心に入りやすく、また残りやすいというもので、それは後世の説経節やお伽噺にも言えることだ。

たとえば東京の鳥越神社は、地名にもなっている「鳥越」の社名がヤマトタケルの白鳥伝説に由来するとしている。しかしその真偽は確かめようがない。

▼鳥越神社（通称　鳥越明神）東京都台東区鳥越
【祭神】日本武尊（配祀）天兒屋根命（合祀）徳川家康

鳥越神社

『御由緒』には次のように記されている。
「日本武尊が東夷を御征伐の御時に、この所へ暫く御駐在遊ばされました。土地の人々はそのご徳を慕い尊び奉り、白鳥神社（明神さま）をその地へお祀り申し上げました。（中略）永承の頃、八幡太郎義家公奥州征伐の折、白い鳥に浅瀬を教えられ軍勢をやすやすと渡すことができました。義家公これ白鳥大明神の御加護と称え鳥越大明神の御社号を奉られてより鳥越の地名が起こりました。」（『鳥越神社略誌』より）
以下の二社は、ヤマトタケルが納めた物が社名・地名の由来となっている代表例である。

▼釜山《かまやま》神社（通称　釜伏様《かまふせさま》、かまっせ神社）埼玉県大里郡寄居町風布

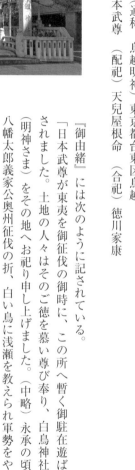

【祭神】底筒男命　中筒男命　表筒男命　（配祀）大山咋命　大口眞神　開化天皇　景行天皇　清和天皇　日本武尊　新田の先祖

東征の途次、ヤマトタケルは当山に立ち寄り、神に供えるための粥を炊いた。その釜を伏せて祈ったことにより釜伏山と呼称し、神社も釜山神社となったと伝えられる。登山に当たってはオオカミが道案内をしたと伝えられ、それにちなんで参道には数多くのオオカミの像が祀られている。

また、東征戦勝を祈願してヤマトタケルが釜伏山の中腹の大岩に剣を突き刺したところ、清冽な水が湧き出したとされ、これを「日本水《やまとみず》」と称し、環境庁の名水百選に選ばれている（寄居町広報課Twitterより）。

ただ、この神社の元々の創建はこれよりはるか昔の第九代・開化天皇の時代まで遡るとされる。その皇子・日之雅命が武蔵国を巡幸した際に、当山の奥の院に祠《ほこら》を祀り、国の平安と旅の安全とを祈ったのがそもそもの起源とされる。

もしそうであるとすれば、元は山も神社も別の呼称であったということになるが、子供の頃から毎日眺めていた私の個人的感覚では、山容そのものがいかにも巨大な釜を伏せた様子なので、人々がいつともなく「釜伏山」と呼ぶようになったのではないかと思われてならないのだが……。

▼武甲山御嶽神社《ぶこうさんみたけ》（通称　ぶこうざんさま）埼玉県秩父郡横瀬町横瀬

【祭神】日本武尊　（配祀）男大迹尊　武金日尊　少彦名命　大山祇命

ヤマトタケルが東征の帰途、目的を完遂した祝いにみずからの武具甲冑を岩室に奉納したとの伝説による山名である。登山の案内を先導したとされるオオカミの石像も数多く祀られている。
しかしその後、蔵王権現が勧請されて「武甲山蔵王権現社（旧名）」となり、これが「武蔵」の語源となる。それゆえ当社は「武蔵の国号神社」とも呼ばれるモニュメンタルな古社である。埼玉県と東京都を合わせた旧・武蔵国の人々にとっては、国名の起源であるなによりも大切な神社であろう。
「武甲山は、秩父夜祭りで有名な秩父神社の神体山であるという説もあり、秩父市内の清水武甲写真館の前にある、夜祭りのお旅所（通称亀の子石）から移された文化一二年銘の石灯籠には『山神宮・武甲山・妙見宮』と刻まれている。当社の創始は、古くから神の山とされてきたこの武甲山に対する信仰から起こったものであろう。（中略）古くは武甲山そのものが神であり、やがて頂上に社が祀られ、次いで祈願所（里宮）が麓に設けられ、更に、時代が下ると参詣者の便を考えて麓に本社を移転したものであろう。」（「埼玉の神社」より）
しかし神の山・武甲山は、長年にわたる石灰岩の採掘によって、いまや見る影もないほどに無残な姿に変貌している。御嶽神社奥社も山頂から何度か下方へ移転され、神々もさぞ落ち着かないことであろう。秩父夜祭りは年々盛大であるが、一方でその根源ともいうべき武甲山が放置されているのはどうしたことだろう。秩父市内からはどこからでも望める武甲山を、市民たちはどんな気持ちで毎日見上げているのだろう。

主なヤマトタケル由来の神社

右に挙げた神社以外にも、ヤマトタケル由来のものは全国各地に偏在している（祭神として登録するもの以外も含む）。その主なものを伝承とともに挙げてみよう。

ここにはヤマトタケル伝承のともなうもののみを列挙しているが、驚くべきことに、北は岩手県から、南は宮崎県にまで及んでいる。「伝説」が、いかに広範囲に及んでいるかを示している。

ちなみにヤマトタケルの時代には蝦夷地は関東から東北にかけてをそう呼称しており、北海道まで含まれていたかは不詳である。

また、この時代には北海道と沖縄（琉球）には、まだ神社は存在しなかった。

神社は、基本的にヤマト朝廷の統治下であることの証であって、ということは裏を返せば、当時はまだヤマト国の版図は「北は岩手から、南は宮崎まで」であったと解釈できる。

おそらく青森は依然として蝦夷国としてヤマトの統治外であり、熊本は熊襲族の、鹿児島は隼人族の、沖縄・奄美は琉球族のそれぞれ部族国家としてヤマトの外に存立していたと考えられる。すなわち、彼らはまだ「まつろわぬ民」であった。

現在、ヤマトタケル由来伝承が公式に登録されている神社の主なものを以下に列挙しておこう。

記・紀には、ヤマトタケルが関東より北に行ったとの記録はないのだが、伝説伝承としてはそれぞれの当該地に数多く残っている。

（東北）

▼配志和《はいしわ》神社　岩手県一関市山目字舘　＊ヤマトタケル伝説の最北端

【祭神】高皇産靈神　瓊瓊杵尊　木花開耶姫命

以下が創建の由来であるが、ヤマトタケルは祀られていない。

「日本武尊詔を奉じて軍を率い遠く道の奥に入り蝦夷の地にいたる。進んで営を此の地、中津郷の山要峰に移し（神社地内）その嶺頂に登り賊を平治せんことを祈り自ら矛を収め三神を鎮斎し東奥鎮護

の神として祠を建て、火石輪と称した。」（神社由緒）

▼大高山神社（通称　おおたかさん）宮城県柴田郡大河原町金ヶ瀬台部

【祭神】日本武尊　橘豊日尊　（合祀）迦具土尊　大山祇命

ヤマトタケルが東征・蝦夷征討の際に仮宮（行宮《あんぐう》）を建てたと伝えられる。

▼都都古和氣《つつこわけ》神社（通称　馬場《ばば》都々古別神社）福島県東白川郡棚倉町大字棚倉字馬場

【祭神】味耜高彦根命《あじすきたかひこねのみこと》　（配祀）日本武尊

『都都古和氣神社栞』による創建の由来は次の通り。

「日本武尊が東奥鎮撫の折、関東奥羽の味耜高彦根命を地主神として、都々古山（現在西白河郡表郷村。一名を建鉾山と称す。）に鉾を建て御親祭せられたのが創始であり、古代祭祀場たる磐境である事が立証されている。」

つまり、神社としてはヤマトタケルが鉾を立てて地主神を祀ったことが起源であるとするが、それ以前にこの地は古代よりの祭祀場であったことが明らかになっているということである。おそらく、縄文人にとって聖地（磐境《いわさか》）であって、それをヤマト朝廷が政治的に取り込んだものであるだろう。

そしてその後、第五一代・平城天皇大同二年（八〇七年）の時に、坂上田村麻呂が伊野荘（現棚倉城趾）に遷宮（移転）した際に、社殿を築造し、日本武尊を相殿に配祀したという。

すなわち、元々の姿は磐境（一種のストーンサークル）の中央に鉾が立てられた剝き出しのものであったが、坂上田村麻呂が場所を遷して社殿を築造し、その際に祭神にヤマトタケルを合わせ祀ったということである。

▼都々古別神社《つつこわけ》（通称　八槻《やつき》都々古別神社）福島県東白川郡棚倉町大字八槻字大宮

【祭神】味耜高彦根命　（配祀）日本武尊

同じ社名ですぐ近くにも祀られており、どちらも「陸奥国一宮」とされている。いずれが式内社か長く論争されているが現在も判明していない。『都々古別神社要覧』によればヤマトタケルとの関わりについてこう記されている。

「日本武尊強夷征伐の時千度戦って千度うち勝って凱旋された御神徳をたたえ、その御神威に感動した八幡太郎義家が奥州征伐の時千勝大明神と改められたのもまことに故あることである。」

この逸話にともない、「千勝」を「ちかつ」と読み、義家が「近津大明神」に改称したとの伝承もある。

『陸奥国風土記（逸文）』に、地名の八槻とは、日本武尊が東夷征伐のために放った鏑矢《かぶらや》が落ちた場所を「矢着き」と称され、後日「八槻」に改められたと記されている。

▼須川南宮諏訪神社《すがわなんぐうすわ》（通称　おすわさま）福島県福島市伏拝字清水内

【祭神】建御名方命

『御鎮座伝記』には次のように記される。

「日本武尊、御東征の砌《みぎ》り、此地を御通過せらるるや、山川の勝景を瞻望し、将来人民の棲息に適し、拓殖の業、大いに興すべき地相を以て、常に尊敬する、武御名方神（諏訪大明神）を鎮祭す。」

また、ヤマトタケルが東征で信達湖《しんたつこ》上を通過する際に大風に遭い、風神である諏訪の神に祈ったところ、風が収まったとも伝わる。

▼鹿島御子神社《かしまみこ》　福島県南相馬市鹿島区鹿島町
【祭神】天足別命　志那都比古命　志那都比賣

ご覧のように当社もヤマトタケルは祭神に祀られていないが、東征との強い由縁を縁起としている。「神社由緒略記」には次のように記されている。

「第12代景行天皇の御宇（西暦９１７年）日本武尊命御東征の時此の鹿島御子神社に武運長久の祈願ありて、其の霊験に依り、乱臣賊子は速やかに征服し得て、其后益々御子神社は特に軍神として武人崇敬の神となれり。第51代平城天皇の御宇大同元年（西暦８０６年）当今の社地に社殿を造営し、当地社僧神官等多数ありて神領17石を有し、常陸の鹿島神宮より年々幣帛を領されたという。」

つまり、鹿島における戦闘において、ヤマトタケルは当社に武運を祈願、その霊験によって勝利を収めたというものである。後世の平城天皇の御代に社殿の造営があったということであるが、年代から推定して、これをおこなったのは馬場《ばば》都々古別神社の遷宮築造と同じく坂上田村麻呂ではないかと思われる。どうやら田村麻呂は、ヤマトタケルの足跡を追慕していたようである。

（関東）

▼佐波波地祇神社《さわわちぎ》（通称　大宮大明神、唐歸山《からかいさん》）茨城県北茨城市大津町　**＊ヤマトタケル伝説の最東端**
【祭神】天日方奇日方命　大山祇命　少彦名命　素盞嗚命　火産靈命　伊邪那岐命　伊邪那美命　海津見命　大物主命　木花開耶姫命　天照皇大神　日本武尊　面足命

社伝によると、ヤマトタケルが東征した際、「この沖で逆波に漂うこと数日、ある夜に神が雲に乗って枕頭に立ち、吾ハ佐波波神也、今皇子ノ船ヲ守護センガタメ来レリ、直チニ順風ト為サン、と告げ、夢から醒めると果たしてその通りになったので、幣を奉り、佐波波の山に崇祀した」とされる。

▼吉田神社（通称　吉田さん）茨城県水戸市宮内町

【祭神】日本武尊

社伝によると、日本武尊が東征の際に、この地（朝日山・三角山）で兵を休ませたとされ、これにちなんで社殿が造営されたという。

ただ、日本武尊の東征以前にすでに信仰の地となっており、その神を吉田神と呼称していたとの伝承もあり、元は蝦夷系の神か。征服のための、一種の「神殺し」かもしれない。

なお吉田神社の分社は茨城県内だけで三四社に及び、すべて日本武尊のみを祀っている。当社がその総本社で、常陸国三宮である。武運信仰に篤いこの地ならではの特徴とも考えられる。

▼髙椅《たかはし》神社（通称　鯉の明神さま）栃木県小山市高椅

【祭神】磐鹿六雁命《いわかむつかりのみこと》　國常立尊

ヤマトタケルが東征の際、現在の白旗丘（当社北方）に旗を立て、国常立尊、天鏡尊《あめのかがみのみこと》、天万尊《あめのよろずのみこと》の三柱の神を勧請して戦勝を祈願したのが起源であると伝えられる。

その後、天武天皇の十二年（六八三）祭神の後裔・高橋朝臣が氏祖神・磐鹿六雁命を合祀して、高椅神社と称するに至った。しかし、ヤマトタケルは祀ることなく、また天鏡尊、天万尊の二神も祭神から失われているがその理由は不明。

磐鹿六雁命は、崇神天皇の時に全国各地へ派遣された四道将軍の一人・大彦命の孫に当たる。景行天皇がヤマトタケルの東征の戦跡を巡視した際、膳臣《かしわで》として当地まで来たが、老齢のためとして許しを得てこの地にとどまった。以後代々豪族としてこの地方を支配したものである。ヤマト朝廷が各地でおこなった典型的な支配構造である。まつろわぬ神を記紀神に置き換えて教化をおこなっている。

▼金鑚神社　埼玉県児玉郡神川町二ノ宮（本文参照）
▼釜山神社　埼玉県大里郡寄居町風布（本文参照）
▼宝登山神社　埼玉県秩父郡長瀞町長瀞（本文参照）
▼武甲山御嶽神社　埼玉県秩父郡横瀬町横瀬（本文参照）＊本来は武甲山山頂に鎮座
▼三峯神社　埼玉県秩父郡三峯（本文参照）

▼出雲伊波比神社《いずもいはひ》（通称　明神さま）埼玉県入間郡毛呂山町岩井西
【祭神】大名牟遅神《おおなむちのかみ》　天穂日命《あめのほひのみこと》　（配祀）須勢理比賣命　息長足姫命　豐受姫命　菅原道眞　迦具土神　素盞嗚命　建御名方命

社伝によれば、「景行天皇五十三年八月、倭建命が東征凱旋のときおよりになり、平国治安の目的が達成せられたことをおよろこびになられ、天皇から賜った比々羅木の鉾を納め、神宝とし、侍臣武日命に命じて創立された社である。」とされるが、景行天皇四十三年にヤマトタケルはすでに亡くなっているので、誤認か創作であろう。また、祭神の大名牟遅神《おおなむちのかみ》と天穂日命《あめのほひのみこと》は共に出雲神を代表する神であるところから、元は出雲系の人々が移住して開拓した地域であると考えられる。とすれば、真相はヤマトタケルによる創建ではなく、祭神の変換による教化であろう。

なお当社は、毛呂山町の中央の独立峰である臥龍山の上に鎮座しているところから、この地は土地の氏祖神の陵墓であって、より古くからの信仰をともなう聖地であったのであろうと思われる。

▼武蔵御嶽神社　東京都青梅市（本文参照）

▼吾嬬神社　東京都墨田区（本文参照）

▼鳥越神社　東京都台東区（本文参照）

▼大鳥神社　東京都目黒区（本文参照）

▼八劒《やつるぎ》神社　千葉県千葉市中央区南生実町

【祭神】日本武尊　天照大御神　大己貴命

「日本武尊、御東征の際、相模国三浦より御渡海、此の地に御幸在して国乱を平定し給う。当時東国は国号定まらざりしを二ヶ国に分割して、従是南を上総地、北を下総地として永く国境とせよと宣へり。土民御徳恩に浴し深く敬ひて此の神を国家守護神と仰ぎ、東国鎮護征夷神八劒神社と崇敬し当日神両社を合わせ祀りて今に易らず崇敬す。」

と「社頭掲示」にある。これによればヤマトタケルが上総・下総の名付け親ということになるが、これは史実とは異なるようだ。古くは「総《ふさ》の国（「ふさ」は麻《あさ》の古語）」といっていたが、大化改新（六四五年）の際に、上総と下総の二国に分割されたものである。

▼姉埼《あねさき》神社（通称　明神様）千葉県市原市姉崎

【祭神】支那斗弁命（配祀）天兒屋根命　日本武尊　大雀命　塞三柱命

「日本武尊が御東征の時、走水《はしりみず》の海で暴風雨に遭い、お妃の弟橘姫の犠牲によって無事上総の地に着かれ、ここ宮山台においてお妃を偲び、風の神志那斗弁命《しなとべのみこと》を祀ったのが始まりという。」と「略記」

に記す。
その後景行天皇がこの地を訪れて、日本武尊の霊を合わせて祀ったものという。

▼走水《はしりみず》神社　神奈川県横須賀市走水

【祭神】日本武尊　弟橘媛命

走水といえば、ヤマトタケルの后である弟橘比売命が入水して嵐を鎮めたことで知られているが、社伝によれば、ここに御所《ごしょ》（行宮《あんぐう》のことか？）を建てて滞在したとされている。そもそもこの地名も、この時の嵐にちなんでいるという。

「軍船等の準備をし上総国に出発する時に村人等が武尊と橘媛命を非常に慕いますので、武尊は自分の冠を村人等に与えました。村人等はこの冠を石櫃へ納め土中に埋めその上に社をたてました。（走水神社の創建です。）」と由来書にある。

また、二人にちなんだ史跡も以下の通りとしている。

一、御所ガ崎「武尊と橘媛命が御滞在したときの御座所のあった所」
一、旗立山「武尊が征軍の旗を立てた所」（御所ガ崎の後背）
一、御座島「武尊と橘媛命の訣別のお盃があった所」（神社前の岩礁）
一、皇島「武尊が軍船に乗船された所」（御所ガ崎の北岩礁）
一、むぐりの鼻「橘媛命の侍女等が媛に殉じた所」（御所ガ崎の最先端岩礁）
一、伊勢山崎「武尊が伊勢神宮で授けた御神符を祀った所」

▼酒折宮　山梨県甲府市酒折（本文参照）

＊関東は由来神社が多数に上るため以下省略。

（中部）

▼大御《おおみ》食《け》神社（通称　美女ケ森神社）長野県駒ケ根市赤穂字美女森

【祭神】日本武尊　五郎姫命《いついらつひめのみこと》　譽田別尊《ほむだわけのみこと》

ヤマトタケルは東征の帰路の途中、杉の木の下で当地の首長・赤須彦のもてなしを受けた。この杉を「御蔭杉」（日の御蔭杉、月の御蔭杉とも）と伝える。景行天皇五八年、御蔭杉の下に神殿を建て、日本武尊を祀ったのが起源である。

▼熊野《くまの》皇大《こうたい》神社（通称　熊野権現）長野県北佐久郡軽井沢町大字峠町字碓氷峠／長野・群馬県境の神社

【祭神】伊邪那美命　日本武尊　事解男命　速玉男命

東征の帰路、濃霧に迷うヤマトタケルを、八《や》咫烏《たがらす》が道案内に立って助けたことに感謝して熊野神を勧請したと伝えられる。

▼矢《や》作《はぎ》神社（通称　天王《てんのう》さん）愛知県岡崎市矢作町字宝珠庵

【祭神】素盞嗚命　豊受大神　（配祀）保食命

東征への途次、勝利祈願のために軍神・素戔嗚命を祀り、社前で大量の竹矢を作らせたと伝えられ

熱田神宮

る。

なお、「第一次世界大戦後帝国軍艦矢矧《やはぎ》の艦長以下船員一同の崇敬厚く船内に矢作神社の分霊を奉斎して大祭を執行し又兵員一同の正式参拝も行われ軍艦矢矧の模型が奉納されている。」とのエピソードでも知られる。

▼船津神社　愛知県東海市名和町船津

ヤマトタケルが東征の際、伊勢からの船で、この地に着岸したと伝わる。その由来によって「船津」の地名になったとも。

▼熱田神宮　愛知県名古屋市熱田区神宮（＊本文第4章参照）

（近畿）

▼能褒野《のぼの》神社　三重県亀山市田村町（＊本文第5章参照／ヤマトタケルの御陵として、明治十二年十一月十日に旧内務省により正式に認定された。）

▼加佐登神社　三重県鈴鹿市加佐登町
【祭神】日本武尊
「こは尊の御笠を蔵めし所と語りつぎ、また其よりやや離れて、白鳥塚とて同じ尊の御陵あり、この辺おし並て、いにしへ能煩野といひし所にて、かの王の崩御ませる地なる故に御陵あるなり。延喜の諸陵式に能褒野墓日本武尊在伊勢国鈴鹿郡とあるはこれなり。なほ其あたりに奉冠塚奉装塚など云ふもあるは皆かの王の御遺物を納めし所といふは信に然るべし。」と「由緒」にある。ヤマトタケルの御陵・白鳥塚の比定地の一つである。本居宣長や平田篤胤などの国学者はこの地を御陵としていた。神体の笠と杖は、ヤマトタケルが死の間際まで愛用していたとされる。

▼建部《たけべ》大社　滋賀県大津市神領（＊本文第5章参照）
▼大鳥《おおとり》神社　大阪府堺市鳳北町（＊本文第5章参照）

〈四国〉
▼白鳥《しろとり》神社　徳島県名西郡石井町字石井白鳥
【祭神】日本武尊
「仲哀天皇は父日本武尊を哀慕し、諸国に命じ白鳥を献ぜしめ、白鳥の宮を建設させた。これが当社のもととなり、後に息長田別命（日本武尊の王子）が阿波の国司に派遣され阿波の君（国造）となりこの神社は確固たるものとなった。」と「由緒」にある。なお息長田別王は阿波国造。
白鳥神社は北は北海道から南は鹿児島まで全国に一〇〇社余鎮座しているが、そのうちの一社。死して白鳥に化身したヤマトタケルが舞い降りたとされる。記・紀によれば、舞い降りたのは最大で三箇所、その後は天に昇ったはずであるが、それが一〇〇箇所以上もの伝承となっている。むろん、さらにその後に各地へ飛来したと考えることも可能である。総本社とされている大鳥神社（大阪府堺市）では、最後に舞い降りたのが当地であると主張している。

（九州）

▼御山《おやま》神社　福岡県直方市植木

【祭神】日本武尊

熊襲征伐の途次、この地で休息し、壇を築いて松を植え後世の益となしたと伝えられる。これにより地名は植木とされ、松が生い茂った所を御山と名付け、この地を植木の里とも称するようになった。つまり、日本武尊は当地開拓の恩人ということになる。

▼近津《ちかつ》神社　福岡県直方市大字頓野

【祭神】伊弉諾尊　伊弉册尊　軻遇突智神　（配祀）蛭子命

熊襲征討の途次、ヤマトタケルは「土豪・大兄彦が献じた御神器の弓矢をこの地に鎮祭した。玉体を近くに守り給うとの意をもって近津大神と称し、又戦に千度勝つようにとの願いをこめて千勝社とも呼ぶ。」（由緒）しかし、ヤマトタケルは祭神になっていない。

▼柿迫《かきさこ》神社　熊本県八代市泉町柿迫　**＊ヤマトタケル伝説の最西端**

【祭神】素盞嗚尊　伊弉諾尊　伊弉冉尊　櫛稲田姫命　大年命　大山咋命　大國主命

熊襲征討の折に、ヤマトタケルが崇敬したとの伝承がある。

▼平田《へいだ》神社　宮崎県児湯郡川南町大字平田

【祭神】日本武命　御歳神　（合祀）速玉男神　事解男神　菊理比賣神　菅原道眞　瓊瓊杵尊

「日本武尊熊襲征伐の為西下されし時、幣田川（現平田川）河口の伊倉より御舟にて川を上られ川岸の年の森に舟を寄せ給い、現社地の東南の高台（現在も濠跡が存す）の御山に宮居を定め暫しこの地に留まられ熊襲兄弟征伐の後再び立ち寄られた。後の世仁徳天皇の御宇（西暦三百年代）人々は尊の高徳を慕い、御遺蹟を讃え、宮居の地に向こうて現社地に神殿を建立し、尊を祭神として創始せりと云う。」（由緒）

▼岩爪《いわづめじんじゃ》神社　宮崎県西都市大字岩爪

【祭神】伊邪那岐命　伊邪那美命

「境内は景行天皇の子日本武尊が熊襲征討下向の際、この地より紀州の大権現に対し戦勝祈願をされた聖地と云われる。後、天長三年（八二六）僧空海が聖地の崩壊を憂いて跡地に神社を創建したと云う。」（由緒）

▼剣柄稲荷神社《けんのつかいなりじんじゃ》（通称　本庄稲荷）宮崎県東諸県郡国富町大字本庄　＊ヤマトタケル伝説の最南端

【祭神】彦稲飯命　玉依姫命　神倭磐余彦命　（合祀）倉稲魂命　太田命　大宮姫命

「当社の鎮座する古墳墓剣柄は、神武天皇の御兄彦稲飯命の御陵とも、或いは、景行天皇の御妃、御刀姫命の陵とも謂れる。又、日本武尊が熊襲梟師を刺したる短刀を埋蔵したる塚とも言われる。又、日本武尊が剣玉の誓いをなせし時の剣の柄を納めたものとも言われる。」（由緒）

人と神のはざまで

これら各社の伝承を見ると、ヤマトタケルの東征は、北は岩手まで到達していることになり、熊襲征討で南九州まで行っていることから、北海道・沖縄を除く日本列島をほぼ縦断しているということになる。

しかも行く先々で兇賊・悪神を平定しているのであるから、草創期のヤマト朝廷にとって最大の功績者ということになるだろう。

もしこれがすべて事実であるならば、国家の版図は、ヤマトタケルによって、ほぼ決定したことになる。

それにしても、「創建の由来」あるいは「信仰の由来」等で、ヤマトタケルとの由縁があるにもかかわらず「祭神として祀られていない」事例が相当数存在するのはいかなる仕儀によるものであろうか。これほどの関係性が創建や信仰にあるならば、むしろ祭神になっていないほうが不自然というものではないか。少なからぬ神社が後世になってから追加で祀って「合祀」や「配祀」としているが、そもそもその祭祀形態こそが祭神に失礼だという気もするのだが。

おそらく、その理由は、創建の段階で（あるいは初期の段階で）ヤマトタケルが「生身の人間」であったことによるのかもしれない。由来が創作されたものと思われる神社は全国に少なからず存在するが、もしその時に〝祭神〟がまだ生存していたならば、祀ることは憚られることだろう。

たとえば最初から神であるアマテラスやスサノヲを祀る神社が多いのは、その土地との関わりを求ばならない。

める必要がないからだ。つまり信仰だけあればよい。

いっぽう、ヤマトタケルは実在する人間であるから、あくまでも直接的な関わりを明確にしなければならない。

しかし実際に関わりが存在するとすれば、そこに生身のヤマトタケルがいる。

「現人神《あらひとがみ》」という観念は天皇という存在が誕生した時にすでにあったと思われるが、それでもそのまま在世中に神社に祀ることにはならなかった。

そしてそのことは、それ以後現在まで継続している。

人が神社に祀られるのは、あくまでもその死後である。現存したまま祀られるのは、別の種類の信仰であって、神社神道ではそれはおこなわない（江戸時代後半あたりから、生身の人間をも信仰対象とする宗教宗派がこの国にも発生新興するようになるのだが）。

そこで、ヤマトタケル神社の場合、ヤマトタケル本人との関わりを創作したものの（あるいは史実としてあったものの）、祭神として祀るとなると躊躇が生まれたのだろう。これが「ヤマトタケルとの関わりがあるのに祀られていない」あるいは「当初は祀られていなかった」理由であろう。ヤマトタケルは、人と神のはざまにあったのだ。

さて、そうなると、神社（とくに古社）には重要な課題が浮き彫りになってくる。

神社の祭神には、最初に祀られた鎮座地（神社もしくは山岳、森林など）がどこかにあって、おおむねその地が本宮（元宮、総本宮など）とされている。そして多くの神社はその本宮から分祀勧請されたものである。したがって、その祭神のいわば「本籍地」が本宮である。

そして本宮・元宮は、その祭神の墓地、埋葬地である可能性が高く、いずれにしてもそこが信仰の源流であることは論をまたない。

しかし実は、祭神の中には、本宮を持たないものもある。それぞれに様々な事情があるのだが、概して言えるのは、「本宮を持つ神はかつて何らかの形で実在し、本宮を持たない神はどこまでさかのぼってもいかなる形でも実在しなかった」ということになるだろう。むろん例外はあって、単に由来不明であるだけの場合などはこれに含まない。

いずれにしてもこの論理でとらえれば、ヤマトタケルを祀る神社の総本宮を訪ねれば、その地こそはヤマトタケル／ヲウスの墓地・埋葬地ということになる。では、それは何処か。この件については、本書では最終第5章「ヤマトタケル、その死の伝説」であらためて検証したい。


ところでこうしてヤマトタケルの祭祀神社を概観してみると、ますます思いは強くなるのだが、限られた期間で、しかもほぼ一人で、この全国展開はいかなることか。東国には一軍を率いていたらしき記録もあるのだが、小さな帆船に乗って共に海を渡るといった記述から、それとてもきわめて少数であったのではないかと推測される。

むろん東夷征服という大事業であるのだから、そのようなことがあり得ようはずもなく、ではいったいこの大業を託されたヤマトタケルという人物は何者なのか。どのような能力があったのか。これを解き明かす鍵は限られていると思われるが、詳細は次章へ。

第2章　多重人格のヤマトタケル……創り上げられた英雄像

　ヤマトタケルは、わずかな手勢と当人のみで、各地のまつろわぬ一族を次から次に征討したとされるが、むろんそのような非現実的な「お伽噺」を信ずるわけにはいかない。

　しかし前章で紹介したように、その事績は全国に広がっており、とくに最後の東征は密度が異様に濃いものになっている。

　最後の東征・転戦に要した期間は、正確な日付はわからないが、『日本書紀』の記述によれば（『古事記』も時間的にはおおむね同じだが）おおよそ次のようなものである。

　ヤマトタケルがあらためて東征に出発するのは彼が二十七歳の時で、能褒野《のぼの》で病没したのが三十歳であると記されているから、その期間は三年と数ヶ月ということになる。この間に征討したのは相模、安房（上総・下総）、常陸、上野・下野、陸奥、武蔵、甲斐、信濃、尾張で、相模で弟橘比売を、尾張で宮津姫を娶っている。

　従者は数人いたと考えられるが、実際に戦闘や外交交渉（折衝）に関わることができた者は吉備武彦のみであったと思われる。その上で各地の族長と交渉あるいは戦闘し、ヤマトタケル当人が病没するまで約三年強である。

　これが、絶対不可能とは言わないが、当時の交通事情や不案内の地理等を考えると不可能であったと考えるのが妥当というものだろう。

この「ヤマトタケル伝説」は、中世から近世にかけて盛んに創作されて膾炙《かいしゃ》した「説経節」の、いわば原型、原初型であるだろう。誰が、何のために構築したのかは追々述べたい。

なお、最古の記録である『古事記』が七一二年の成立であるから、七世紀末にはこれらの物語はすでに成立していたであろうと推察される（実在したとすれば、四世紀中頃の事績であったのではないかとされている）。

そしてその征討地は、西は熊襲の統治していた南九州から（十六歳？）、山陰は出雲、山陽は吉備、関東・東北は先に記した通り、そして尾張、伊吹山にて死するまで孤独な戦いは続いたのだ（『古事記』による）。

『日本書紀』では天皇みずから高く評価しており、次の天皇として確約しているので、事情はいささか異なるが。（＊巻末資料参照／記・紀の「ヤマトタケルの段」未読の読者は、本書の現代語訳を通読されてから以後の本文を読むことをお奨めする）。


このような短期間での全国征討が、古代において不可能であろうことは容易に想像がつくだろう。『古事記』によれば、なにしろ天皇の了解のもとに付き従った者は二名の従者と一人の食事係である。現地での協力があったとしても、たかがしれている。

それでもたとえばヤマト朝廷公式の「征討軍（皇軍）」が組織されていたと勝手に解釈し、数千人規模の軍隊によって転戦に次ぐ転戦であったとすれば、必ずしも不可能とは言えないが、毎日の宿泊や食事などの補給体制も考えると現実的ではないだろう。もしそのような大軍が全国を進軍行軍したとすれば、その証言は各地に数え切れないほど伝えられて記録もされているはずであるが、記・紀や前章の神社伝承を見てもそのような記録は見当たらず、どこまでもヤマトタケル一人についての証言のみである。これはいったいどうしたことだろう。

景行天皇の二代前の崇神天皇の御代に、全国征討のために「四道将軍」が各地へ派遣された。むろん各将軍にはそれぞれ麾下に精鋭部隊が従っていたのは当然である。

これに倣《なら》えば、景行天皇も、祖父と同様の規模か、それ以上の規模の派遣をおこなってしかるべきだろう。

『古事記』はその事実を消した。『日本書紀』は、その気配はあるのだが、明確な記述は避けている。理由は一緒で、「ヤマトタケル伝説」を構築するためである。今後のために、朝廷は「伝説」を創る必要があったのだ。

崇神帝は、北陸道に大彦命《おおひこのみこと》を、東海道に武渟川別《たけぬなかわわけ》を、西海道に吉備津彦《きびつひこ》を、丹波（山陰道）に丹波道主命《たんばのみちぬしのみこと》を、それぞれ将軍として派遣し、従わないものは討伐させることとした。天皇の次子・倭彦《やまとひこ》命が大将軍を務めた。

この故知に倣って創作されたのがヤマトタケル伝説であろう。

ただし、崇神帝の派遣した皇軍は大軍勢である。ところが『古事記』は、これをたった一人で成し遂げたヒーローを出現させたのだ。

実在した小碓命をこれに当て嵌めたのは、彼がしばしば密命を受けて活動し、最終的には生死不明となっていることで好都合な存在であったことによるだろう。名を「ヤマトタケル」としたのも、倭彦命に因《ちな》んでいることは明白であろう。

私は伝説のヤマトタケルを数人の人格に分けてみた。すると以下の七つの人格が浮かび上がってきた。

★一つ目の人格　弥生のヤマトタケル……残忍な小碓命という嘘
★二つ目の人格　女役・稚児であったヤマトタケル……南九州の稚児文化
★三つ目の人格　天皇にされたヤマトタケル……倭建命から日本武尊へ
★四つ目の人格　闘うヤマトタケル……軍神・武神であったヤマトタケル
★五つ目の人格　方士・呪術士ヤマトタケル……武人から巫人へ
★六つ目の人格　開拓者ヤマトタケル……弥生の象徴として造形
★七つ目の人格　白鳥になったヤマトタケル……病弱で病死した雅の皇子

もしも一人ですべてをおこなっていたならば、多重人格のスーパーマンである。しかしヤマトタケルを名乗った者は複数いたと解釈すると、この奇跡的な物語にも合理性が生まれてくる。

そもそもヤマトタケルは固有名詞ではない。抽象名詞である。ヤマトの武人、という意味である。あちこちに派遣された複数の武人に、そう名乗らせたのであろう。誰も顔を知らない地方においては、名乗りが第一である。なおかつ天皇の軍隊を率いていれば、それだけで抵抗もせずに従う者たちが少なからずいたに違いない。すなわち、東征においてヤマトタケルは小碓である必要はなかったということである。

なお、タケルもヲグナも、元は縄文の呼び名であろう。これを小碓は引き継いだ。つまり、縄文と弥生の連結である。ここにも景行天皇の戦略が見える。

さてそれでは、「七つの人格」について検証してみよう。

★一つ目の人格＝弥生のヤマトタケル　残忍な小碓命という嘘

小碓が双子の兄の手足を引きちぎって薦《こも》にくるんで捨てたという話が、小碓命の紹介でいきなり出てくるが、そのようなことが現実にあろうはずがない。そもそも物理的にきわめて困難で、もし殺害するなら他により容易《たやす》い方法がいくらでもある。

それでもこの方法をあえて選んだのだとするなら、小碓は変質者か異常者とでも考えるしかないが、むろんそんなはずはない。後々の行動や言動が正常な人格、知性を証明している。

それでもあえて残虐であったとすることによって、ある種の「禊《みそ》ぎ」をおこなったのではないかとも考えられるが、それにはこのエピソードにいくつかの虚偽が含まれていることが根拠となる。殺害方法がきわめて不自然であるのは虚偽ゆえであると思われるが、そもそも「双子説」自体が虚偽であると、私は解釈している。兄・大碓は景行天皇の実子であるが、小碓は景行天皇の甥ではないかというのが私の仮説である。小碓の実母は景行天皇の妹である倭姫であろう。

周知のように、彼女は伊勢の神宮の初代斎宮《さいくう》となる。アマテラスに仕える巫女となるわけであるが、その際、未婚であったとされる。しかし御杖代《みつえしろ》に抜擢された時に、すでに子をなしていたのではないか。それでも他にこの役割を務められる者がなかったのではないだろうか。豊鍬入姫で失敗し、もはやそれに代われる存在は倭姫以外に存在せず、最後の選択肢として選ばれたのではないだろうか。すでに指導的立場にあって、子も成していたが、豊鍬入姫で成らぬならば、もはや他に代われる者はなかったのであろう。

そしてその子こそが小碓であって、兄である皇太子・大足彦尊（後の景行天皇）の皇子として引き取られ、その際に将来を約束されたのではないか。そしてその約束こそは、彼女が斎宮として生涯を捧げる条件となったのではあるまいか。

あらためて名前を比較してみよう。

倭姫命（ヤマト・ヒメ）
倭建命（ヤマト・タケル）

まるで二卵性双生児の名前のようではないか。対置関係にあるのは明白である。そして名前が対置関係にある場合、当然ながらそれは特別な関係を示唆するものであろう。同時代で、なおかつ血縁も、きわめて近い。偶然ではない何らかの必然があると考えるべきだろう。

この解釈を採るならば、倭建とは「ヤマトの男」の意であるから、倭彦・倭比古（ヤマトヒコ）と同義同類である。

倭姫・倭比売
倭彦・倭比古

と置き換えてみれば、なお一層必然する理由がありそうである。

ヤマトヒメは、ヤマトタケルに特別の庇護を与えていることからも特別の関係性が推測される。（＊なお、このテーマについては本書第3章において改めて詳述する）

そもそも双子説は、異母弟（私見）の小碓を養子として皇子に迎え入れるにあたって、皇位継承権を実子の大碓と共に持たせるためにおおやけに唱えた便法であろう。『日本書紀』によれば大碓は後の皇軍にも同行しており、『古事記』の「大碓殺害事件」が取って付けたような記述であることがよくわかる。

あるいは殺害したのは大碓ではなく別の誰かであったのかもしれないが、天皇《おおきみ》はこの異母弟を継承者の一人としてすんなり受け入れるには、それなりの抵抗があったのだろう。

異常行動が示唆するその正体は、逆説である。何らかの理由によって真逆の正体を隠す必要がある場合、真実から最も遠い描き方をするのが定法である。

ちなみに「ヤマトタケル大男伝説」もこれに連動しているのかもしれない。『日本書紀』に身長は「一丈」とあるところから、約三メートルもの巨人であったという伝説ができてしまったが、これは単純に誤字である。古い写本には「ヒトツエ」とルビが付いていることからもわかるように、本来は「一杖」と表記するのが正しい。つまりヤマトタケルの身長は約一五〇センチメートルである。現代では小柄であるが、当時としては立派な体軀であった。朝廷が征討に派遣する軍人は人一倍体軀に優れている者。そのような人物は幼き頃より大柄であるところから、大柄＝大男に違いないという解釈が編集段階での校閲誤字を生んだものだろう。

そして「大男伝説」と「乱暴者伝説」は、有り余る力を善用したという、景行天皇のプロパガンダにも利用されたのではないか。『古事記』は、天皇システムを構築浸透させることにおいてある意味徹底している。

★二つ目の人格＝女役・稚児であったヤマトタケル

ヤマトタケルが公的に活躍したのは、熊襲討伐が最初である。十六歳であった。

十六歳という年齢は、私たちの感覚では若すぎるようにも思うかもしれないが、後々武家の風習として「元服」として定着する一種の成人式が十六歳であることを思えば、かなり古くから境界年齢として認識されていたものだろう。

この時のことを景行天皇が後に述懐している（『日本書紀』）。

「小碓王《をうすのみこ》は、熊襲が謀叛したとき、まだ総角《あげまき》にもしていない年少だったのに、長い征伐に取り組み、いつも朕のおよばない所を補ってくれた。」

「あげまき」とは、美豆良《みずら》のことで、少年の髪型のこと。一般にお馴染みの「聖徳太子画像」の左右の少年の髪型である。真ん中から分けた髪を左右の耳のところで輪に結んで垂らす形。古代においては、成人すると髪を上でまとめて冠を載せるようになる。

ただし、ここで「総角にもしていない年少だった」との発言は事実とは思えないので、編纂者の忖《そん》度《たく》によるものであろう。この時、小碓は十六歳であるから、すでに総角からも卒業して、冠を着けていたはずである。当時の十六歳は成人であって、年少ではない。若いのに手柄を立てたと強調するための、これも方便であろう。この後、東征に出陣するまで約十年間、小碓の消息はまったくないので、熊襲征伐はせめて二十歳くらいに設定してもよかったのではないかと思うのだが、これはもしかすると「女装」のための伏線であるのかもしれない。

川上梟帥を討つヤマトタケル（『古今英雄鑑』より）

当時の刃物で跡形もなく髭剃りをおこなうのは不可能ではないかという説もあるくらいで、それでも女装が事実であったとすればよほど髭の薄い体質でなければ多くの人の目をかいくぐるのは難しいだろう。もっとも宴会は宵から夜間にかけてであろうから、よほど近づかなければ誤魔化せるかもしれない。

なお、ここからは私の推測になるのだが、熊襲征伐の舞台が肥後地方であるということから、南九州地域に特有の「稚児趣味」を戦略的に採り入れたものかもしれない。古くからこの地域には、武勇に優れた男子は、酒席や戦場において美少年を偏愛するという気風があって、それを「稚児趣味」と呼んだ。とくに薩摩と肥後においては「男らしさ」の表現方法の一つとして、美少年に慕われ、かつ美少年を従えていることが誉れとされた。

しかもその関係性は生涯続くもので、桐野利秋や村田新八は若き頃から西郷隆盛の稚児であったし、西南の役で西郷に最後まで付き従った多くの若者たちと、西郷は心中したのだと囁かれもした。

ただし、女装したのはこの一度限りで、他にはそれらしき逸話は皆無である。この時ヤマトタケルは十六歳であったので、さしずめ美少年であったということなのであろうとは、これまでこの逸話の解釈として大多数を占めるものである。しかしもしそうだとすると、大男であったとの記録とすんなり一体化しないようにも感じるのだが。

ただ、もしかすると景行天皇による意図的な戦略と考えられなくもない。熊襲の当主でもあり、なおかつ勇猛で鳴らした者ともなれば、当然だが稚児趣味に馴染んでいて、十六歳の小碓命はその弱点を攻撃に利用するに適任と判断したのかもしれない。そして実際にその作戦は大成功した。

夢想ついでに、「ヤマトタケルの消滅」について、こんな解釈もあろうかと私は考えた。最後に病死したのは部下の一人であって、ヤマトタケル本人ではなかった。だから草薙剣を持参していなかったのでは、というものである。

これで、この世からヤマトタケルという名を抹消することができる。戦術としてのヤマトタケルは消滅して、某天皇として新たに出現する（＊この説については、第3章と第5章であらためてふれる）。

★三つ目の人格＝天皇にされたヤマトタケル　倭建命から日本武尊へ

東征出征にあたって、景行天皇は小碓命に、以下のように詔《みことのり》している。

「今、朕がお前の人となりを見るに、身体が大きく、容姿は端正で、鼎を持ち上げる程の力があり、雷電の如く猛々しく、向かうところ敵なく、攻めれば必ず勝つ。つまり、形は我が子ではあるが、実は神の子なのだ。これこそは、天が朕の不徳と国の乱れを憐み、皇統を繋げせしめ、宗廟を廃絶させないためなのだ。天下はお前の天下であり、この位はお前の位である。」

ちなみにこれは『日本書紀』のみに記されたものである。『古事記』には一言もない。たいそう褒め上げたものであるが、死後だいぶ経過しているので、ヤマトタケルが天皇に即位しなかったことは周知のことであるから、ある意味無責任な記述である。ただ、これはヤマト朝廷の方針なのだということはきわめて明確になっている。

ヤマトタケルは日本全土を平定した功労者であり英雄である。
朝廷は彼を次期天皇として認めていた。
天皇となるものは「神の子」である。
神の子が、皇統を繋ぎ、宗廟を受け継ぐ。

これこそは「詔《みことのり》」(天皇の言葉、勅命)であって、この頃に確定したヤマト朝廷の基本方針である。即位前に亡くなったヤマトタケルに託して、天皇という存在を天下に明確に告知したと言ってよいだろう。現人神《あらひとがみ》思想の誕生とも言える。
『日本書紀』は国家としての公式文書であるから、ここに記されたことはすなわち公的記録である。

普通の人の無責任な呟きとはわけが違う。しかも『日本書紀』には発刊の当初から、国の内外に告知するという役目があったのだ。漢文で記述されている訳であるから、直接の広報対象は隋国・唐国になるわけであるが、漢文でわざわざ記述しているということによって、国内的にも朝廷の本気度が強調されるというわけである。

ちなみに『常陸国風土記』には「倭武天皇」「倭建天皇」という記述が見られる。

これを単なる誤記と解釈するなら、よほど威風堂々たる陣容で進軍したのだろうと考えれば、迎えた者たちが勝手にそう解釈したと考えることもできる。

ただ、『古事記』の記述ではどう解釈しても少人数の一行であって、威風堂々になるとはとても思えない。

しかし『日本書紀』の記述から拡大解釈するならば、その可能性もなしとはいえない。

その場合には、崇神朝の時の四道将軍のように、皇軍一隊を率いた将軍が中央にいて、従軍する者たちが「ここにおわすはヤマトタケル大王《おおきみ》なるぞ」などと広報した可能性もあるだろう。ヤマトタケルの顔を誰も知らない蝦夷地だからこそ可能であるし、むろん今上天皇の名前も顔も蝦夷地の者は誰も知らないだろう。

あるいは、行幸予定の常陸国では、すでにヤマトタケルが天皇に即位したものと告知されていたのかもしれない。次の天皇であると約束されていることは、すでにヤマト国では周知であったと思われるからである。

なお『阿波国風土記』（逸文）にも「倭健天皇命」という記述が見られる。こちらも右と同様の理由によるものだろう。四国も、当時は蛮族の地である。

★四つ目の人格＝闘うヤマトタケル　軍神・武神であったヤマトタケル

これは、関東から東北地方にかけての伝説に特に顕著であるが、天皇の権威と武力で蝦夷を平定しているところから、ヤマトの臣下となった主に蝦夷人たちから一種の「軍神」として信仰を勝ち取っている。各地の神社に祭神として祀られているところはもちろんであるが、創建の由来にその名があれば、いずれも長年月にわたって崇敬しているということであるだろう。少なくとも例年おこなわれる「祭り」は、氏子たちの崇敬がなければ実現もしないし、継続もしない。朝廷から押しつけられた信仰とばかり言えない様子がうかがい知れる。

しかし東征以前は、まったく別の姿で称揚されていた。巻末の『古事記』「倭建命の段」に明らかだが、それまで「英雄の条件」は後世の日本人からすると思いも寄らぬものであった。それは、熊曽建と出雲建を征伐する方法に象徴的に記されている。

熊曽建兄弟には、ヤマトタケルは女装して宴会に紛れ込み、二人が酒に酔ったところを懐剣で刺し殺すという、いわば騙し討ちにしている。

出雲建には、友人のふりをして親しく交わる中で、彼の佩刀をヤマトタケルが持参した木刀と交換を促し、その上で大刀合い、斬り殺すという、これも騙し討ちである。

つまり、「騙し討ち」が「英雄の条件」の一つになっているのだ。

これは、『古事記』の序盤においては明確に主張されているヤマト朝廷の公的思想である。熊襲も出雲も、これによって平定されたものである。おそらく、このような「知恵ある者」が「英雄」であって、討たれた者は「知恵がなかった」という思想信条なのだろうと推測するのだが、日本通史的に見てもすんなりとは納得しがたいものがある。これはこの時代ならではの価値観であって、これ以前も、これ以後も、ほぼ見かけないものである。初期のヤマト朝廷の一つの特徴と言えるかもしれない。

ということは、この思想信条は、この直前期にどこからかもたらされたものかもしれない。

この思想はやがて消滅し、日本人は正々堂々と戦うのを美徳とする思想へと転換するのだが、それは少なからぬ土着の種族人が、「姓《かばね》」等によって政体に組み込まれていくのと軌を一にしているようである。

ここではそれについてこれ以上踏み込まないが、いずれ転換されるということだけは指摘しておく。しかも儒教の輸入以前にすでにその考え方になっている。つまり、このような思想は、ヤマト朝廷の以前も以後もこの国には馴染まなかったということであるだろう。

そもそもすでにヤマトタケル自身が、十年後の東征において、逆の価値観を体現している。

記・紀に共通するエピソードに、焼津に着いて早々のやりとりがあるが、迎えに出た国造が、ヤマトタケルを欺して野に火を放つシーンである。ヤマトタケルは、欺されたと気付いて、からくも脱出して仇討ちをするのだが、倭姫から授けられた嚢《ふくろ》と草薙剣がなかったら、あやうく殺されていたところであった。

つまり「正直者」、すなわち「知恵のない者」とされているのだ。「知恵がある」のは欺した国造ということになる。熊襲を討った時とは、あきらかな価値観の転換である。

そしてヤマトタケルは、今度は圧倒的な武力によって国造たち一党を皆殺しに焼き殺したのだ。

もっとも、だからこそ、「武神」として信仰の対象になるのかもしれないが。

★五つ目の人格＝方士・呪術士ヤマトタケル

さて、五人目にカウントする人格こそは、本書の「核」となるものだ。崇神天皇が四道将軍を全国へ派遣する際にも出てきたが（『日本書紀』）、「教化するために」と明記されている。

「これに従わぬ（まつろわぬ）者たちは討伐せよ」と。

つまり、征討の理由は「教化」なのである。

教化とは、特定の信仰や思想に感化して従わせることで、現代の神社神道界においても、「氏子の教化活動」というように使われている。

『日本書紀』に、次のような記述がある。景行天皇が東征出立前のヤマトタケルに詔を与えるシーンである。

「願わくば、深く謀《はか》り遠く慮《おもんぱか》って、不正を探り変を伺い、威光を示し徳をもって懐柔し、武力を使うことなく従わせるように。まずは言葉によって暴神を調伏し、無理となれば武力を奮って姦鬼を討ち払え」

そして日本武尊は斧鉞《ふえつ》を受け取り、再び奏上した。

「かつて西の国を征伐したときは、皇霊《みおやのみたま》の霊威に頼り、三尺の剣をもって熊襲国を撃ちました。そして幾ばくもなく賊首は罪に服しました。このたびは、天神地祇の霊に頼り、天皇の威光のもとに、徳の教えを以っておこないますが、従わなければ武力で平定いたします」

と、重ねて礼拝して言った。

ちなみにヤマトタケルの従者で判明している者は三名。

『古事記』には、

「（天皇は倭建命が）吉備の臣らが祖、御鉏友耳建日子《みすきともみみたけひこ》を伴って派遣する時に、ひいらぎの八尋矛を授けた。／久米直《くめのあたい》の祖で、七拳脛《ななつかはぎ》が料理人として従っていた。」とある。

『日本書紀』には、

「天皇は吉備武彦《きびのたけひこ》と大伴武日連《おほとものたけひのむらじ》とに命じて、日本武尊に従わせた。また、七掬脛《ななつかはぎ》を膳夫《かしはで》として従わせた。」とある。


すなわち、ヤマトタケルの東征に天皇が従わせたのは三名である。

他は、人数も名前も不明であるが、文脈から判断する限りでも数人以上は付き従っていたと思われる。三名の従者それぞれにも部下がいたであろうし、皇太子と将軍二名、膳夫《かしわで》（朝廷料理人）ということであれば、その身の回りの世話をするだけでも最小限の人数が必要となるだろう。

詔によって直属の従者となった三名を紹介しておこう。それぞれの能力や役割が把握されることによって、ヤマトタケルの戦い方の推測ができるだろう。

吉備武彦《きびのたけひこ》（御鉏友耳建日子は別名）は吉備氏の祖であって、古くから呪術に長けた一族として朝廷に仕えている。

大伴武日連《おおとものたけひのむらじ》は大伴氏の祖であって、軍事氏族として名を上げ、この後朝廷の軍事を司る氏族となる。

七掬脛は、久米氏の祖であり、久米氏は大和国高市《たけち》郡久米郷より起こった氏族である。高市は渡来氏族・東漢《やまとのあや》氏の本拠地であって、この氏族は医薬や呪術に長けているところから、七掬脛は薬師《くすし》でもあったのではないかと推察する。膳夫という職種は天皇の毒味役であると共に、あらゆる薬物に長けている。

この三人には、戦場においてそれぞれの役割があると同時に、ヤマトタケルが皇太子として、どこにいても不可欠な「祭祀」すなわち「神祭り」をおこなうために必須の技能を備えている。吉備武彦と七掬脛がいることによって、それが可能になる。征討した各地において、新たに神社を創建する際に、土木建築に関する部分は現地の者たちを調達して大伴が指示使役し、ヤマトの神をいかに祀るか、という段になると、専門職が必要になるため、吉備と七掬脛が担務するという訳である。

戦闘においては、大伴武日連《おおとものたけひのむらじ》が第一の指揮を執るが、吉備武彦も武人として将軍格で参陣する。また、七掬脛はヤマトタケル以下全員の兵糧を担務するとともに、神前への供膳すべてを賄い、神威の加護を得るのも重要な役割になるだろう。

そしてその結果は、武力を用いるのはわずかであって蝦夷は服属したとされる。

しかし一体、その「力」とは何だろうか。何を、どうやって、教化しようというのだろうか。蝦夷たちは、何に対して降伏したのだろう。

天皇は、「言葉によって暴神を調伏」と言っている。

これは「言霊」ということであろう。

ヤマトタケルは、「天神地祇の霊に頼り、天皇の威光のもとに、徳の教えを以って」おこなうと言っている。これも「言霊」による征服を目指しているという意味であろう。

敵を降伏させるほどの言霊が如何なるものか知りたいところだが、その「ことば」は記・紀のいずれにも記されていない（次章で推論してみようと考えている）。

それにしても、これらはいずれも軍人・武人のものではない。東征に向かう将軍に命じることでもなく、将軍が答える筋合いのものでもないだろう。まるで釈迦かキリストか孔子が教化活動でもするかのようではないか。「徳の教え」に従う蛮族などあるはずもないから蛮族なのであって（徳を理解できない者が蛮族・蝦夷であろう）、一体これは、何か。蝦夷東征とは、武力による鎮圧征服ではないのか。なんとも不可解なやりとりである。

しかし実は、これを解き明かす唯一の答えがある。

古代には、皇女の中から一人以上が「巫女《みこ》」となり、皇室の祖先神に仕える者が選ばれた（皇女を「みこ」というのも元はここから来ている）。初代の斎宮となった倭姫命も、アマテラス神の御杖代として抜擢されたのは、もともと皇室の巫女の一人であったことによっている。

彼女は景行天皇の妹であって、公式にはヤマトタケルの叔母ということになっているが、先代天皇の時代から巫女集団の中心的存在であり、皇室の祭祀に最も深く関与していたと考えられる。八咫鏡と草薙剣（天叢雲剣）が、彼女に託されたという事実を見ても、彼女の存在が朝廷・皇室においていかに重要であったかよくわかる。

その倭姫は、小碓を幼い頃より慈しんでいたと想像される。その根拠は、ヤマトタケルが東征に向かう前にわざわざ遠回りしてでも伊勢に立ち寄っていることである。ヤマトタケルにとって、ヤマトヒメ（倭姫）はそれほどに強いつながりのある特別な存在であったのだ。これについての詳細は次章にてあらためて検証したい。

呪術も様々で、きわめて科学的なものから、迷信や幻想に至るまで多種多様である。ヤマトタケルが用いたものは、後に陰陽道へ昇華されたものが基本にあったのではないか。具体的には、医学薬学によるもの、心理学によるもの、天文学や地理地勢学によるもの、などであろう。信憑性が疑われるような迷信俗信のたぐいは用いなかったと思われる。

ただ、蘇生術のように非科学的なことでも、信ずる者がいれば利用活用したのは当然のことで、「効果」があるなら、手段は選ばず、というスタンスは政治家には常にあるものだろう。迷信や俗信であっても（自分が信じていなくとも）、信じている者を対象とすれば、大いに利用価値はあるし、自分も信じたふりをしたからといって責められるものでもないだろう。共同幻想というものは、政治においてはどの時代どの地域においても付きものである。

なお「皇女」ばかりでなく「皇子」をも「みこ」と呼ぶのも、同じくここに由来している。ヤマトタケルの時代には、皇子も皇女も「みこ」であったのだ。これはヤマトならではのヤマト言葉による称号である。

そして「皇子《みこ》」が天皇になる。つまり、天皇の第一の役割が祭祀の主宰者であるというのは、ここから直結しているのだ。すでにして、皇子の時から祭祀の主宰者になるための準備をしている。

「みこ」は「神に仕える人」または「神の依り代となる人」「神と人との仲執り持ちをする人」という意味である。ヤマト言葉であって、漢語由来ではない。

では、「巫女《みこ》」とは何かというと、「巫の女《かんなぎ》」の意である。

「かんなぎ」とは「神威を招き寄せる」ことであって、これを「神招《まね》ぎ」という。

あるいは「神を和ませる」との意から「神和《かむなぎ》」ともいう。

このあたりが語源であろう。
「能《よ》く斎粛《さいしゆく》して神明に事《つか》ふるものなり、男に在りては覡《げき》といひ、女に在りては巫《ふ》といふ」（『楚語』）
「覡《げき》」とは、「神に仕え、祈禱を行い、神意を伝える人。男のみこ。」（『新明解漢和辞典』）
男女のみこを総称して巫覡《ふげき》という。「覡」一文字で「みこ」とも読む。
「巫覡は鬼を見るものなり」（『国語・韋昭注』）とあるが、「見には祈る意がある」とは白川静の言である。

東征に向かおうとしているヤマトタケルは、武人であるより先に、巫人・覡人であったということであろう。天皇は本来「巫（かんなぎ）」である。ヤマトタケルは、巫として最高度の修行（訓練）と実践（征討）をおこなった。詳細は次章にて。

★六つ目の人格＝開拓者ヤマトタケル　弥生の象徴として造形

全国各地には、ヤマトタケルに因んだ、または由来した地名が無数にある。

様々なちょっとしたエピソード、たとえばヤマトタケルがここの湧き水を飲んで元気を取り戻したことに由来する居醒《いさめ》という地名や、東征の途次、ヤマトタケルが休憩のために腰掛けたことに由来する腰掛という地名、ヤマトタケルが東征の戦勝を祝って自身の甲冑を納めたことに由来する武甲山という地名等々、第1章で少なからず紹介した。ただ、いずれもそれが史実か否かを証明する手立てはない。

しかしこういった由来伝承を概観すると見えてくる一定の事実がある。

それは、何らかの形でヤマトタケルがその地に関わっていたのだろうというものである。それを象徴的に表したのが、「ヤマトタケルに因んだ地名」である。なかには、地名が先で、ヤマトタケル伝説は後から付会したものもあると思われる。ヤマトタケルがこの地を来訪したことは確かであるが、その内実については伝承化し難いもので、そのために広く馴染みやすい伝説の形を採ったとも考えられる。

その第一は「武力による征服」である。征服後は、ほとんどの場合ヤマトの民として組み込まれていることから、敵対色を消して、あたかも最初から親和関係にあったかのように取り繕う方法が「ヤマトタケル伝説」と「由来地名」となった事例もあるだろう。

その第二は、「ヤマトタケル軍」と称する集団による当該地の開拓である。征服による怨恨どころか、開拓による恩義がもたらされたのではないか。

ヤマト朝廷は、すでにしばらく前から各地の開拓に取り組んでいる。つまり、「破壊より開拓」を新たな国是として国家の発展に取り組んでいる。蝦夷は、ヤマトに服属したことは確かであるが、同時に開拓の恩義も受けた。それを形にして告知して見せたのが「ヤマトタケル伝説」と「由来地名」であろう。

第1章でいくつか紹介したが、たとえば御山《おやま》神社（福岡県直方市植木）の由来伝承にこう記されている。

熊襲征伐の折に、この地で休憩し、「家来の弟彦公《おとひこのきみ》（尾張氏）に命じ、檀を築き一株の松を植えて後世の験とされた。名付けて植木といい、松樹生い茂り所を植木の森（御山）と号し、その里を植木の里という。」と伝える。

これは、この地に「植林」をおこなったとの示唆であろう。

また、八剣《やつるぎ》神社（千葉県千葉市中央区南生実町）の由来には、

「日本武尊、御東征の際、相模国三浦より御渡海、此の地に御幸在して国乱を平定し給う。当時東国は国号定まらざりしを二ヶ国に分割して、従是南を上総地、北を下総地として永く国境とせよと宣へり。土民御徳恩に浴し深く敬ひて此の神を国家守護神と仰」いだとある。

上総・下総の名付け親という点については史実とは異なるようだが、示唆するところはこれも「開拓や国造り」であろうと思われる。

また、須川南宮諏訪《すがわなんぐうすわ》神社（福島県福島市伏拝）は祭神が建御名方命であるが、その『御鎮座伝記』には次のように記される。

「日本武尊、御東征の砌《みぎ》り、此地を御通過せらるるや、山川の勝景を瞻望し、将来人民の棲息に適し、拓殖の業、大いに興すべき地相を以て、常に尊敬する、武御名方神（諏訪大明神）を鎮祭す。」とある。

これなどは、目的が「拓殖の業、大いに興すべき」と明言しており、祭神の建御名方命もまさにそのためにわざわざ勧請までしたと伝えている。

このように各地で「征討」という名分とはだいぶ意味合いの異なる〝貢献〟をおこなっているようで、それが神社の創建や祭神化・崇敬化などにつながっていると思われる。

そしてこれらは、事業の性格から類推して、小碓の担当したものではなく、別人による成果ではないかと思われる。そしてむろんこれも、中心人物はヤマトタケルを名乗ったに違いない。

この頃からヤマトの版図はほぼ定まり、国造制による安定した国家体制と、開拓による経済的発展が始まっている。

各地で開拓者としてその地の発展に貢献したヤマトタケルは、そのために個別の将軍がある種の代理として名乗ったものであるが、これは決して騙《かた》ったわけではなく、便宜的かつ戦術的に採った方法である。天皇《おおきみ》の権威を活用するには都合が良かったということであり、もしこの方法を採らずに「臣下」であるとそのまま名乗った場合には、不必要な労力や時間を費やすことになったことだろう。これは、四道将軍よりも有効な戦法であるだろう。

ヤマトタケルの「顔」は地方において知られているはずはないので、そう名乗った者がそうなるわけで、派遣された各将軍には実務上の功績があったということになる。

前章の冒頭でもふれたように、武蔵国（東京都＋埼玉県）におけるヤマトタケル神社の数は圧倒的に多い。しかしながら、記・紀を見る限り、具体的な「東征」がこの地域においておこなわれたという記述はない。そもそも東夷は、ヤマトタケルが上陸する直前にその勢威の前に屈服し服従しているので、これ以後、甲斐へ移動するまで東国での戦闘はなかったと考えられる。

ただし、「山の神、河の神などの土地神たちと闘って征伐した」とは、ほのめかされている。戦闘そのものについての記録も描写もないため、それがいかなる戦闘なのかまったく不明であるが、しいていえば、これが戦闘であるのだろう。とすれば、これはいわば「宗教戦争」であろう。「神殺し」は宗教戦争の核心である。

しかしながら二〇〇社以上に及ぶ神社の示すものは、生半可な成果ではない。当時の神社は、いわば朝廷の出先機関であったはずで、それを設立するには、まずその土地を征服し、新たな神社を祀れと教化しなければならない。ヤマトタケルは武蔵国においてだけでも、これを少なくとも二〇〇箇所以上の地域においておこなったということになる。

そしてこういったことは「ヤマトタケル」を名乗った別人が、別行動で同時多発的に実行しなければ、実現できるようなものではない。

しかも、それだけの労力を費やして開拓するだけの価値が武蔵国にはあったということであるだろう。もしかすると、東征そのものがこれを目的としていたのかもしれない。なにしろ「ヤマトタケル神社」が最大数集中しているのであるから。

その目的とは、何かと言えば、前章の金鑽《かなさな》神社の解説でふれたように「丹《に》（辰砂《しんしゃ》）の採掘権」であろう。ヤマトの宮殿および神社は、この時以後、朱色に塗られることとなる。

★七つ目の人格＝白鳥《しらとり》になったヤマトタケル　病弱で病死した雅《みやび》の皇子

最終七人目に超自然現象となったヤマトタケルを挙げる。すなわち、病に倒れ、遺骸は残らずに衣服のみを残し、白鳥となって天高く飛翔して消え去ったという人物である。

これはすなわち、ヤマトタケルはもはや人間ではない、あるいは人間ではなくなった、という意味であるだろう。それ以外に解釈は不可能である。

この結末は、何を示唆するのか。

むろんここにはこれ以上のことについて何の説明もない。何らかの解釈が求められる状況であるにもかかわらず、留保されている。さながら、記・紀の読み手に判断は任せるとでもいうかのように。

……さもなければ、この後、どこかにこの続きが書かれていなければならないだろう。

それにしてもこの結末は、きわめて象徴的な描写であって、まことに意味深長である。病に倒れて、白鳥に化身するとは、まるでか弱い雅《みやび》な皇族の末路のようではないか。東征に向かう前に、伊勢で泣きながら恨み言を言っていた青年を思い起こさせる。倭姫が慈しんでいたヲウスが蘇るようである。

それにしても不可解なのは、ヤマトタケルの死に際して、そのまま普通に遺骸を葬ればそれで済むことなのに、ヤマト朝廷はそうはしなかったことである。しかもその経過を公的文書である『古事記』にも『日本書紀』にも書き連ねた。……遺骸は消えて、白鳥となって天高く飛んでいったと。

遺骸が消えた。

白鳥に化身した。

この二点について、当時の人々はあり得ることとして信じていたのだろうが、むろん現代に生きる私たちが信じることはない。つまり、ここにはヤマト朝廷の意向が打ち出されており、この表現を記・紀の両書において告知しなければならないということであろう。そうしなければならない都合が朝廷にはあったということだ。

事実は、「遺骸が消えるはずはない」ので、死んでいないということであろう。

また、「白鳥に化身するはずはない」ので、たまたまそこに飛来した白鳥に化身したことにしたということであろう。

遺骸を消して、白鳥に化身させて天へ飛び去らせたのは、ヲウスの次の使命がどこか遠くへ行くものので、しかも極秘の任務なのではないかと、私は想像しているが、残念ながらいまのところその根拠は稀薄である。

なお、この一連の逸話によって、「白鳥になったヤマトタケル」は、すなわち「神」として昇天したことになったとも読み取れる。そしてそうだとしても、やはりそれは「ヤマト朝廷の意志」であろう。

もし「神上がり」したのであれば、もはや何者であろうとも人間の容喙《ようかい》を許さないということである。つまり、ヤマトタケルの名においてこの数年間に実施実行されてきたことは、神が為したことであって、もはや「超越した歴史」として評価するものとの朝廷の意志であろう。

　ヤマトタケルの名においておこなわれた全国平定の功業は、ここに定まった。そしてここから全国各地において「ヤマトタケル神社」の建設が始まる。


　そもそも全国平定の大業は、戦略的に考えるなら、畿内七道ごとに将軍と麾下の一軍が必要である。むろん畿内はヤマト朝廷の直轄であるから不要であって、対象は「七道」ということになる。すなわち、東海道、東山道、北陸道、山陰道、山陽道、南海道、西海道の七つである。

　このうち、東海道と東山道の一部がヲウスのヤマトタケル、それ以外は数人の将軍によって分担されたと考えられる。かつて四道将軍がおこなったように、この時も将軍たる存在が四人は必要であったことだろう。そして全員がヤマトタケルを名乗った。

　小碓は実在の皇子であるが、ヤマトタケル（倭建命・日本武尊）は固有のキャラクターとしては実在しなかった。ヤマトタケルというキャラクターは、誉田天皇《ほむたのすめらみこと》（品陀《ほむだ》和《わ》気命《けのみこと》／応神天皇）の血統保証のために生み出された架空の存在であろうと私は考えている。

　それゆえに、無制限ともいうほどに各地に出現し、到底個人がなし得る範囲や能力を超越した活躍をさせることとなる。それがかえってリアリティを喪失させることになると考える者が不在のままに、あちらこちらで勝手に創作された期待値が集合されて、結果的にスーパーマンが出来上がったのであろう。

　数人のヤマトタケルを名乗る者が、それぞれに各地で活躍して、それぞれに各地で成果を挙げたと考えれば、現実的にあり得ない話ではないだろう。しかもその数人が同時期に各地で展開できるというメリットもある。これこそが景行天皇の戦略戦術であったとすれば、なかなかしたたかである。なにしろ、崇神帝の四道将軍という手本があるとはいうものの、さらにこれを見かけはヤマトタケル一人に集約させる作戦を採用したのだから。

しかしながら、この中に一人だけ小碓命本人も含まれていた。「伝説」のベースとなっている人物である。いかなる理由で、あるいはいかなる「特別な能力」をもってその役割を果たしたのか、次章ではそれを明らかにしたい。

第3章　魔力の源……伝授された呪術・巫術

「名を隠す」という呪術

前章で、ヤマトタケルを名乗った者が数人いたと推論した。そしてもちろん、この中に、小碓命《をうすのみこと》は実在する。

その証左は彼の有する「特別な能力」によるものである。

第1章ですでに触れたが、ヤマトタケルは固有名詞ではない。「ヤマトの勇猛な男子」「ヤマトの武人」などという意味の抽象名詞である。小碓が討ち取った熊曽建《くまそたける》（川上梟帥《かわかみたける》とも）から奉られた名前であると『古事記』にあるが、むろんそんな経緯に信憑性はあるはずもない。そもそも奉るような名となっていないことは明白である。「ヤマト」＋「タケル」では尊称にはならないし、特別に名付けるという意味もない。

ヤマトタケルの別名とされているヤマトヲグナも同様である。ヲウス（小碓）という実在する人物から、英雄存在への変換をおこなうための方便にすぎないだろう。ヲグナという幼名は、成人するとタケルになるという伏線である。

ちなみにヤマトは単なる国名である。また、タケルは「蛮族の乱暴者」という説もあるが、もしそうなら皇子の呼び名として記・紀が採用するはずもないので、これはあくまで一般名詞であると考えるべきだろう。

ヲグナも「童子」という意味の一般名詞にすぎない。

ちなみにヤマトでは、「その人の名を、みだりに唱えてはならない」という風習が古くから浸透している。「名付ける」「命名する」という行為は、きわめて呪術的な行為であって、ひとたび名乗ったならば、その者は生涯、良くも悪しくもその名に呪縛されることになる。

だからこそ日本人は、今でも子どもの「命名」を人生最初の重要行事と位置付けている人も多く（近年はキラキラネームによって解放されたような現象も起きているが）、地方へ行くと、新たに付けた名前を神前に報告するという習慣も残っており、命名そのものを神社や神職に直接依頼する者も少なくない。

そうして付けられた名前は、みだりに変えるものではなく、仮に別名を名乗ることがあっても（雅号や筆名、芸名、愛称など）それは仮の名に過ぎず、生誕時に受けた名前は生涯当人と共にある。「名は体を表す」のである。

裏返せば、名前を声に出して呼ぶことは呪詛《じゅそ》につながるということである。名前には、それだけの意義があると古来考えられていた。だからかつては、天皇を諱《いみな》で声に出して呼ぶことはありえなかった。

アニメ映画『千と千尋の神隠し』では、魔女が、相手の名前を奪うことで人格を支配するというキー・アイテムが提示されているが、元になっている原理はこれと同一である。古代道教の呪詛の原理を魔女に与えたものである。映画の中でも、主人公の少女は、本名の千尋という名を思い出すことによって覚醒するという設定になっている。

名前はその人物を特定する。たとえその場に本人が不在でも、名前さえ唱えればその人物を特定できる。だからかつてヤマトでは本名は最後の最後まで秘匿した。名前を暴かれることは、その身を危険にさらすことに他ならなかった。呪詛や厭魅《えんみ》は名前でおこなった。名前こそが呪う相手を特定する最も確実な方法であったのだ（この変形が後には対象者の髪の毛や他の肉体の一部となってゆく）。

したがって、討ち取った敵の首領である熊襲（川上梟帥）からヤマトタケルの名を奉られて、しかもそれを以後名乗り続けるのは、まったく理に適っていないことになる。これは、ヤマトタケルという架空の名の由来をどこかに示さなければならないための創作であろう。ヤマトタケルという名が作為の結果であることを示唆する一つの証左である。

人物の固有名詞つまり名前を呼ぶことは禁忌であるというのは、古代においては特に顕著であったが、この慣習あるいは信仰は、日本では近世まで残っていた。社会的に出世した人物が、漢風の「号」を名乗るのも、その考え方に基づいている。

そもそも本来の名前は「いみな」という。

シナを始めとする漢字圏においては「諱」と記し、ヤマトでは「忌名」と記す。文字通り、みだりに唱えることを「忌む名前」の意である。

たとえば、景行天皇の諱は大帯日子《おおたらしひこ》淤斯呂和気《おしろわけ》天皇《すめらみこと》（『古事記』）、大足彦忍代別《おおたらしひこおしろわけ》天皇、大足彦《おおたらしひこ》尊（『日本書紀』）である。

神武天皇はといえば神倭伊波礼毘古命《かむやまといわれびこのみこと》（『古事記』）、神日本磐余彦天皇《かむやまといわれびこのすめらみこと》（『日本書紀』）である。
これがいわば本名である。

しかしヤマトタケルには、なぜか公式に「いみな（諱・忌名）」がない。後世の推定では「ヲウスノミコト（小碓命・小碓尊）」が諱とされるが、残念ながらまったく相応しくない。皇子（皇太子）であるにもかかわらず、これでは威厳に悖《もと》るだろう。

倭男具那命《やまとをぐなのみこと》（『古事記』）のほうが、まだそれらしいが、残念なことに『日本書紀』では日本童男《やまとをぐなの》尊《みこと》と記すことから、単に「少年」を意味するだけの呼び名であると判明する

『古事記』では、もとの名は小碓命、またの名は倭男具那命、倭男具那王と記す。そして後に倭建命、倭建御子と記される。

『日本書紀』および『先代旧事本紀』では、もとの名は小碓尊、小碓王《をうすのみこ》、またの名は日本童男と記す。そして後に日本武尊、日本武皇子《やまとたけるのみこ》と記される。

なお、文献記録には見られないものだが、もしヤマトタケルを万葉仮名で表記するならば、さしずめ「夜麻登多祁流」となるだろう。

ヲウスは、万葉仮名では「WO U SU」となるので、WOは「乎、小、緒、矣、遠、尾、呼、雄、男、麻、袁」の中のいずれかであろう。Uは、「宇、鵜、海、卯、菟」のいずれか。SUは、「須、周、酢、酒、洲、珠、栖、簀、簾」のいずれか。

私見では「乎宇須」あたりではないかと思う。

煉丹術《れんたんじゅつ》

呪術とされるものの大半が幻想であることを現代に生きる私たちは常識として承知しているが、私たちの遠い祖先たちはこれを信じていたか、もしくは信じたがっていた。しかもそれは無知な庶民だけのことではなく、国を統《す》べる立場にあるようなある種の選民でさえそうであった。そして彼らはあらゆる方法でそれを追及し実行しようとした。欧州では錬金術として、シナでは煉丹術として。その煉丹術がヤマトへ持ち込まれたのは弥生時代の初期、古代道教の渡来に伴うものであるだろう。

かつて西洋では「錬金術《れんきんじゅつ》」が盛んであったのは広く知られているが、これは文字通り「黄金」を創り出す技術（魔術？）のことであった。黄金が貴重なのは昔も今も変わりなく、これをなんとかして人工的に製造できないかと取り組んだのが錬金術である。むろんいかなる方法でも黄金は創り出せなかったことは周知の通りである。

しかし、西洋の錬金術は、最終目的である黄金こそ創り出せなかったが、科学《science》（とくに化学《chemistry》）の祖として、多様な成果をもたらしている。火薬、硫酸、塩酸、王水などの発見発明は、まぎれもなく錬金術の成果である。

後世、ダイナマイトを発明したアルフレッド・ノーベル（ノーベル賞の生みの親）を皮肉って「錬金術師」と呼ぶ者もいるが、良くも悪くも間違いではない。

そして錬金術は、実は古代シナの「煉丹術（錬丹術）」に由来している。

『抱朴子《ほうぼくし》』（三一七年完成）に、煉丹術とは「仙丹《せんたん》」を作り出すこと、とある。仙丹とは、すなわち不老不死の霊薬のことであって、辰砂から化学的かつ冶金術の手法によって作り出されるのが丹薬で、また水銀や鉛などを加熱して液体化したものを金丹（金液）として、それらを服用すれば不老不死の仙人になれると考えられていた。辰砂が鮮やかな朱色となることで、生きた血液を連想させたのではないかともされている。

辰砂から作り出すということは「水銀」を取り出すことであり、最終的には水銀を必要とする「金《きん》」につながるのであって、つまり煉丹術とは錬金術にほかならない。

ただし、これには外丹と内丹とがあって、化学的に仙丹（仙薬）を作り出すことを外丹、それを服用して仙人となるための修行法を内丹と称して区別している。

外丹は、人体に有害であることは現在では常識であるが、これを信じて服用して、歴代の皇帝六人が死に至ったと『旧唐書《くとうじょ》』『新旧唐書』などの歴史書に明記されている（水銀を体内に入れることの危険性・毒性を私たちの世代は子供の頃に学んだが、現代では学ぶ機会がないらしい。きわめて有毒で即座に生命に関わるので、取り扱いにはくれぐれも要注意）。

『抱朴子』の「金丹篇」に、

「黄金は火に入れて百回練っても消えず、土に埋めても腐らず、すなわち不朽であるから、人体を不老不死とすることができる」

と書かれている。この記述の罪は重い。

つまり、外丹は本来の目的は達成せず失敗した訳であるが、皮肉にも副産物として様々な化学的成果を上げている（内丹は道教《タオ》の修行術として別途発展する）。

この経緯などからもわかるように、錬金術と煉丹術（外丹）は、元はほぼ同じ意味なのである。しいていえば、錬金術は最終目的が黄金の製造であるが、煉丹術はそれを用いてさらにその先の不老不死になることであった。もちろん、どちらも実現しなかったが。

外丹は、漢土では早くに廃れたようだが、辰砂の採掘および活用法は、むしろ日本で定着し広まった。

『魏志』の「倭人伝」には、

「其山有丹（それ、山は、丹有り）」

「以朱丹塗其身體（朱丹を以《もっ》てその身体を塗る）」

とあり、

『後漢書』の「倭伝」には、

「以丹朱坋身（丹朱を以て身を坋《ふん》す）」

とある。

すでに魏や漢の時代までには、倭国には丹が産出し、倭人は丹朱で身体を塗っていたと認識されている。

「魏志倭人伝」ですっかり有名になった倭人についての形容である「黥面文身《げいめんぶんしん》（顔の刺青と身体の刺青）」という記録と合わせて考えると、古代の日本人は全身に刺青をしていて、さらに全身赤く塗っていたということになる。異様な風体である。

しかしおそらく、それはすべての倭人ではなく、祭祀や戦闘に関わるごく一部の特別な人たちであったことだろう。なにしろ丹朱は当時もその後も貴重品であって、むやみに一般人が消費できるとは考えられないからである。また、魏や漢の使節が出会った倭人も、大半は特別な人たちだったはずだから。

以後、日本では、「辰砂」としては黄金の精製のために、「朱」としては祭祀をはじめとする聖性を表現するために大いに重用されたようだ。

そしてヤマトタケルの東征には、とりわけ武蔵国においては、この丹採掘の権限を朝廷のものとする意図があったのではないかと、私は考えている。ヤマトタケル伝説は奥武蔵の丹の埋蔵地と重なっている。東征＝丹の支配、銅の支配と考えると、ヤマトタケルの名で、つまりヤマト朝廷の名義で東征がおこなわれたことに名目が立つ。そう考えれば、東征の目的がより具体的に浮かび上がってくる。

という次第で、外丹はヤマト朝廷において大いに利用活用されたようだ。それにともなって関東も発展した。


五七頁の絵は明治期に刊行された『古今英雄鑑』という歴史教育の副本に掲載されていたものであるが、奇しくも巫女の格好をしたヲウスノミコトがカワカミタケルを今まさに討たんとしているところである。単に女装していたというのではなく、それが巫女の格好であったというところに明治の人の知恵がありそうである。

相手を油断させておいて打ちかかるというスタイルは、もっぱらヲウスノミコトの常套手段であるが、これを明治期の教育手本とするには弁解弁護が必要になる。このような方法は「卑怯なやりかた」であると、誰も指摘しなかったはずはないのであって、それでもことが皇室の英雄の事績であるので、あえて美化正当化するために必要以上に相手を貶めたのかもしれなくて、そのような解説は教師にまかされたとも考えられる。

しかし今際《いまわ》の際のカワカミタケルにヲウスノミコトを賞賛させて、「タケル」の名を進呈させているのだから、なお一層不可解である。

ただ、もしこの時に、カワカミタケルが神経性の麻痺状態にあったとすれば、あるいはありえない話ではないだろう。煉丹術は、錬金術もそうであったように、化学的な成果を数多く挙げている。不老不死の妙薬はついに創れなかったが、その過程において各種の化学薬物を生み出している。そして古代においては薬物は、呪術の具となったのだ。

ちなみにわが国では、縄文時代から野生の大麻《たいま》が活用されていた。とくに古神道では祭りに大麻はつきもので、いわゆる「麻酔《あさよ》い」と称して、神降ろしや神掛かりに使われ、集団を精神的に支配するためにも使われた。ヲウスがカワカミタケルの酒宴に大麻を用いたかは不明であるが、なんらかの薬物を用いた可能性はあるだろう。


丹《に》の採掘は一時期盛んであったが、やがて資源の枯渇によって変貌し、実態はよくわからなくなっている。

ただ、どうやらその入り口は丹生都比売《にうつひめ》信仰にあるようだ。紀伊地方以外ではあまり馴染みのない神名であるが、きわめて古くから信仰されている神であって、おそらくは関東の武蔵・上野《こうずけ》あたりにおいてもそうだろう。しかし丹生都比売命は『古事記』にも『日本書紀』にも登場しない。つまり、ヤマトの神ではないということである。記紀以前に、異質な文化が存在したことの証左の一つかもしれない。

かつて「丹生《にう》神社」であった少なからぬものが、なぜ社名変更されているのか。解明されるとすれば、「丹」の秘密は歴史的に深く潜行しているので、古代史の闇の部分が明るみに晒されることになるだろう。そこには、「丹（辰砂・朱）」という資産と、それを活用する渡来の知識や技術が関わっているはずである。紀伊の丹生都比売神社や丹生川上神社、また武蔵・秩父の金鑽《かなさな》神社（元・金砂《かなすな》神社）や、両神《りようかみ》神社（元・丹生神社）は、その重要な手がかりの一つである。

本書ではとくに、武蔵・秩父地方について触れるが、「丹」にまつわる歴史は、もっとはるかに広く深い。紀州の「丹」も、秩父の「丹」も、おそらくは渡来の一族が見出したものであり、その利活用も彼らの技術が大前提であったのだと思わざるを得ない。「丹」は、近代以降はほとんど無用のものとなったが、かつては政治的にも文化的にもきわめて重要な存在であったのだ。

このような外丹の利活用に対して、仙人となるための修行ともいうべき内丹は、日本には馴染まなかったと思われている。

しかし実は、天皇家の一部において実践継承されてきている。ある種の「呪術」として、神に仕える女性皇族、すなわち皇室の巫女として天皇および皇子たちの庇護となすべく修練されていたと、私は考えている。

ちなみにその証左のいくつかは記・紀の中に記されている。とくに注目すべきは、やはりオオクニヌシの蘇生譚であろう。若き日のオオクニヌシは、兄神たちの企みによって三度殺されて、母の助けで三度とも生き返っている。

神道には、「蘇生」という呪術はない。呪詛や呪殺はあるのだが、蘇生という呪術は存在しないにもかかわらず、記紀神話のかなり初期の段階ですでに「蘇生術」が実践されている。

私は、ヤマトタケルの不可解な死の秘密も、この辺りにあるのではないかと考えている。

ヤマトタケル、蓬萊山を目指す

日本列島は北から南まで、急峻な山々がずっと連なる風土であって、地理地学的には「海中に突き出した山頂部」とでもいえる様相を呈している。大陸プレートの褶曲によって盛り上がった山もあれば、海底火山が噴火して盛り上がった山もあるが、山また山と重なり合うことで成り立っている島国である。

そのような風土であるから、古来この地に暮らす人々にとって「山」はあって当たり前の風景で、その中になお際立った山容の峰があれば、それこそはまさに特別であるだろう。そしてそれは、神聖でもあると共に脅威でもあったことだろう。その山が噴煙を上げているならば、なおさらである。

縄文の昔から（もっと昔からかもしれないが）、「山」は信仰の対象である。祭りの時には、神は山から下りてくるし、また山に帰ると信じられていた。そういった信仰心（畏怖や感謝）の表れは「講社」や「修験」などにも引き継がれて、全国各地の名だたる山が連綿と崇敬され続けてきた。とりわけ「日本三大霊山」といえば、富士山、白山、立山が知られているが、中でも富士山はさらに特別である。すなわち、富士山は「日本一の神奈備《かんなび》（信仰の山）」である。

神奈備信仰（山岳信仰）というのは、基本的にその山容を望むことができる（少なくとも山頂を見ることができる）地域《エリア》に発生定着するものだ。とすれば、日本一の高峰である富士山の信仰圏が最も広いのは当然であるだろう。

ちなみに伊勢の二見ヶ浦からも富士山は肉眼で見える。ということはきっと、伊勢は元々は富士山信仰だったのかもしれない。古代の信仰というのは、えてしてそういうものだ。なにしろ伊勢に神宮が創建されるより一万年以上も昔からこの光景は土地の人々に親しまれていたはずで、神宮を見おろす朝熊山《あさまやま》が、「あさまやま」と呼ばれたのは、それが富士山の古名であることから考えてもそれなりに古い由緒がありそうだ。しかも、その由緒は、いうまでもなく皇大神宮の創建よりはるかに古いものである。

秀麗な富士山の評判は古来全国に鳴り響いていて、富士山がまったく見えない地域にまで富士信仰が発生するほどであった。その証左として、北は青森・山形から、西は長崎・大分まで、富士神社が創建された（現在も信仰されている）。

そしてその評判は、どうやら海を越えて朝鮮半島はもちろんのこと、大陸にも広く深く伝わっていたようで、その手掛かりは「神仙思想」に見ることができる。

紀元前三世紀の周王朝・戦国時代の頃に発生したとされる「神仙思想」は、その後の歴代皇帝にも大きな影響を与えていて、とりわけ海の彼方の理想郷については、いくつかの「説」が唱えられ、信じられていた。

司馬遷の『史記』（紀元前九十九年頃成立）に、神仙説が紹介されているが、それによると、シナ大陸の東の海の彼方、つまり「東海」の彼方に「三神山」があるとしている。三神山とは、蓬萊《ほうらい》・瀛州《えいしゅう》・方丈《ほうじょう》（方壺《ほうこ》）と呼ばれている。いずれも壺の形をしているので「三壺山」ともいわれていた。壺山とは、火口の大きな火山のことであろう。ちなみに当時の富士山は活火山であるから、山頂の火口からは常に噴煙が立ち上っていたはずである。

そしてそれらの神山には不老不死の薬があり、仙人が住んでいるとされた。

『竹取物語』の最後のシーンでは、帝がかぐや姫の代わりとして受け取った不老不死の妙薬を、使者に富士の山頂で燃やさせ、その煙がいつまでも立ち上っていたと書かれている。この描写は単なる空想ではなく、古い伝承や憧憬などが、さしずめ日本風に昇華されたものであろう。

『史記』の「封禅書」や『列子』の「湯問篇」等には、三神山は壮麗な御殿のある仙郷として記されている。山内の鳥獣はすべて純白であって、仙人の住まう宮殿は黄金でつくられているという。三神山は遠くからは雲の塊のように見え、近づいて見れば海中にあるのに、俗人は風にさえぎられて近づくことはできないという(アニメーション映画『天空の城ラピュタ』の発想源はこのあたりかも。映画では『ガリバー旅行記』といっているが、そもそもガリバー物語そのものが神仙思想の影響を大いに受けている)。

大陸の東海岸では、ごくまれに「蜃気楼《しんきろう》」を見ることができる(現在でも見ることができる)。水平線に上下逆さに浮かび上がる街や山の姿である。実体は、日本の九州・沖縄のどこかであろう。蜃気楼とはそういうものだ。

古代、その蜃気楼に触発された幻想が、東海の三神山という神仙郷になったのではないかとも考えられている。

そしてその三神山の中でも、第一とされたのが蓬莱山《ほうらいさん》である。

西に地上(人間)の崑崙山《こんろんさん》、東に異界(仙人)の蓬莱山という位置付けである。

人間として頂点をきわめる者は崑崙山において封禅《ほうぜん》をおこなって皇帝となり、不老不死の仙人となる者は蓬莱山において封禅をおこなうというものである。だから地上において天子となった者は、最後に蓬萊山を目指した。

しかしもちろん、蓬萊山で封禅した者は皆無である。それでも、もしそれが叶うなら、その者は「真人（しんじん・まひと）」と呼ばれると、道教や荘子で唱えている。

ちなみに、わが国でとくに神仙思想に精通していたとされる天武天皇は、和風諡号《しごう》を天渟中原瀛真人天皇《あめのぬなはらおきのまひとすめらみこと》という。つまり「瀛州の真人」である。

ところでヤマトタケルには諡号がない。それが何を意味するのかは後述することにして、方術・呪術に長けたヤマトタケルには、おのずから目指す「蓬萊山」があったのではないかと、私は想像している。

「丹《に》」という経済力

ここではるか後世の話となるが、源頼朝が鎌倉幕府を開いた際に、その力の保証となったのは「武蔵七党《むさししちとう》」といわれる関東固有の武士集団であることはよく知られている。そもそも武士は鎌倉時代に発生したとされているが、すでにそれ以前に、関東全域で騎馬武者たちの集団が活躍していて、それこそが「武士の原型」である。

武蔵七党とは、平安時代中頃から武蔵国を中心に下野・上野・相模など関東の西部全域に勢力を広げていた武士団で、それぞれ一族同族を単位とし、丹党《たんとう》（丹治党）、児玉党、横山党、猪俣党、野与党、村山党、西党（西野党）、（＊『武蔵七党系図』による。異説あり）の七党である。

七党の第一である丹党一族には中村・青木・清水・岩田・勅使河原《てしがわら》・大関・榛沢《はんざわ》などがあり、秩父から児玉地方一帯、また群馬県南西部にかけてを中心とした古代豪族である。苗字人口ランキングでも上位にいくつか入っているという大族で、かく言う私もこの一族で（分家）、わが家の家紋は○の中に「丹」という古式のものである。おそらくこの家紋によって一族を弁別することは、「丹」こそが一族の基盤であることを象徴的に示唆していたものであるだろう。

なお丹党の氏神は、埼玉県児玉郡神川の金鑽神社（JR八高線・丹荘《たんしょう》駅）である。

▼金鑽神社（通称・二宮様）埼玉県児玉郡神川町二ノ宮
【祭神】天照大神　素盞嗚尊　（配祀）日本武尊

当社は武蔵国二宮《にのみや》で、祭神は右のようになっているが、社伝では、「景行天皇四十一年日本武尊東征の折、御姨倭比姫命《おんおばやまとひめのみこと》より賜った火鑽金《ひきりがね》火打石を御室山《みむろやま》に収めて天照大神素盞嗚命二柱を奉斎し、尊は欽明天皇の御時配祀された。」となっている。つまり、ヤマトタケルによって創祀され、ヤマトタケルは後から祀られたとする。

当社には本殿がなく、拝殿のみで、背後の神体山（御室山《みむろやま》・御嶽山《みたけやま》）そのものを拝礼するという原初の信仰形態になっている。

古代、秩父地方は銅の産出で有名であったが（和銅開珎《わどうかいちん》）、鉄や丹の産出も際立っていた。それが彼らの力の源泉でもあり、山を拝むことにつながったものだろう。


なお「丹党」という名称が何に由来するものなのかには、いくつかの説がある。一つは、右に述べたように「丹（辰砂・朱）」の採掘によるものであるが、もう一つ、祖先の名に由来するという説もある。丹党系図を遡ると、第二十八代・宣化天皇の直系である多治比《たぢひ》（丹治比・丹比とも）氏の後裔

丹生都比売神社神殿

であるとなっている。

また別の資料では、丹党の氏神を高野明神とし、その神を祀る丹生都比売《にうつひめ》神社の社家である大丹生《おおにゅう》氏こそが先祖であるとしている。

丹生系図によれば、丹生都比売神社の祝家《ほうり》（社家のこと）となった大丹生直丹生麿《おおにうのあたいにうまろ》の後裔・丹貫主峯時が丹党の祖となる（この後、武蔵守・多治比氏の子孫を一族に迎えて丹比としたか）。そして、その子孫から先に挙げた一族の諸流が発生したものである。

▼丹生都比売《にうつひめ》神社（通称・天野《あまの》大社《たいしゃ》、四社明神）和歌山県伊都郡かつらぎ町上天野

【祭神】丹生都比賣大神　高野御子大神　大食都比賣大神　市杵嶋比賣大神

つまりいずれも祖先の名に「丹」が含まれており、とりわけ大丹生氏は名にも由緒にも「丹」が関わっている。武蔵七党の他の党は、氏をそのまま党名としているので明快であるが、丹党のみはこのように由来が謎めいている。

丹党の本拠地は、金鑽神社が鎮座する児玉地域であるが、先に示したいくつかの分家が秩父方面にも進出し、それとともに丹生神社も各地に勧請されていった（丹が採掘されたゆえに丹生神社を祀ったのか、それとも丹生神社を祀ることによって丹党の領地であると誇示したのか不詳）。

丹党は、古代より秩父地方から群馬にかけて大いに栄えてきたが、その力の源泉は産出される豊富な資源にあった。

奥州藤原が金を産出したのに対して、秩父平氏が銅、そして丹党は文字通り「丹」を掌握することによって力を得た。

「丹（たん・に）」とは辰砂《しんしゃ》（および朱《しゅ》）のことで、水銀と硫黄の化合したもので（硫化水銀）、すでにわが国では弥生時代から採掘されている（一部は縄文時代にも採掘し利用されている）。

丹党は、武蔵・上野等近縁各地に丹生神社（丹生都比売）を祀ることで一族の結束をもはかったと先述したが、その中心が金鑽神社である。金鑽の字は後世のもので、古くは金佐奈《かなさな》と記された。これは「金砂《かねすな》」に由来するもので、水銀のことである。ちなみに常陸の金砂神社もやはり丹の謂われをもつので、「かなさな」と「かなすな」は元は一つである。

【関東の主な丹生神社・金鑽神社】

▼上丹生神社《かみにゆう》　群馬県富岡市上丹生
【祭神】大日孁命　譽田別尊
▼丹生神社《にう》（通称・丹生様《たんしょうさま》）群馬県富岡市下丹生
【祭神】丹生都比賣尊

▼金鑽神社　埼玉県本庄市千代田
【祭神】天照皇大神　素戔嗚尊　日本武尊
▼丹生《たんしょう》神社（通称・丹生様《たんしょうさま》）埼玉県児玉郡上里町勅使河原
【祭神】埴山毘賣命　家都御子神
▼丹生《たんしょう》神社　埼玉県児玉郡神泉村阿久原
【祭神】高龗神《たかおかみのかみ》　水速女神《みずはのめのかみ》
▼金砂《かなさ》本宮《ほんぐう》　茨城県久慈郡金砂郷町下宮河内
【祭神】大己貴命
▼西金砂《にしかなさ》神社（通称・お金砂《かなさ》さん）茨城県久慈郡金砂郷町上宮河内
【祭神】大己貴命（配祀）少彦名命　國常立命

——など関東の金砂・金鑽神社、三〇余社。および全国の丹生神社、一八〇余社が数えられる。

なお、これ以外に「丹」とはまったく無関係の社名のものも相当数ある。金鑽神社もそうであるが、この一帯の丹生神社は祭神を丹生都比売から変えてしまったところが少なくない。奥秩父の両神《りょうかみ》神社も、元は丹生明神と呼ばれていたが、社名も祭神も変えてしまった。丹の産出が尽きたゆえなのか、他の事情によるものなのかは不明である。

▼両神《りょうがみ》神社　埼玉県秩父郡小鹿野町両神薄《すすき》（元は両神村薄《りょうかみむら》）
【祭神】伊弉那岐命　伊弉那美命　罔象女神《みつめのめかみ》

所在地の薄という地名は、丹党一族の薄氏の本貫地（発祥地・領地）であったことを示すものである。

ところで、古代にもし大宮氷川神社を中心とする関東王国とでもいうべきものがあったとするならば、そこには経済力の保証が不可欠である。大規模化した水稲耕作という新しい技術も、関東平野の湿地帯を活用して経済力をもたらした。しかしそれだけではそこそこ豊かな日々の暮らしは獲得維持できても、それ以上の繁栄も発展も望めないだろう。金の採掘で繁栄した奥州藤原氏や、石見銀山を発見した大内氏、古くから精錬製鉄に特化した出雲族などのように、何か飛躍的な富国強兵化をもたらすような資源があったはずで、それこそは右に示したように、「丹（辰砂）」だったのではないだろうか。そして、ヤマト朝廷はこの経済力を欲していた。

後に資源としての丹は尽き、それとともに丹生社の名称も多くは書き換えられて消えて行ったが、なぜかヤマトタケルの伝承のみは残り、武蔵七党の信仰として生き続けた。これはおそらく、武蔵七党の発祥以前から根付いているものであって、丹生信仰はその後一時的に発生したものだからかもしれない。

なお、金鑽神社の神体山である御嶽山《みたけやま》（御室山）は、埼玉県児玉郡神川町二ノ宮の群馬県との県境にあるが、そこにはある秘密が伏在している。拙著『古事記はなぜ富士を記述しなかったのか』の「水の章」の図版「氷川神社の位置」において、「冬至の日の出→氷川神社→浅間山」という直線を図示したが、その直線上の氷川神社と浅間山の中間に、御嶽山も位置している。つまり、一宮と二宮は直結しているということだ。日の出、朱染めの社殿、噴火という「赤」の色によるつながりは、御嶽山の「朱」ともつながっているのである。

また浅間山《あさまやま》は、富士浅間《せんげん》神社との名称の共通点もあり、富士山の古名がまったく同じあさま山でもあるところから、特別な関係がありそうだ。標高二五六八メートルの活火山であって、巨大なカルデラを持つ円錐形の山容は富士山ともよく似ており、これこそが伝説の「三壺山」の三つ目なのかもしれない。阿蘇山《あそやま》、浅間山《あさまやま》、富士山（あさま山）こそが、瀛州山、方丈山（方壺山）、蓬莱山であるのかもしれないと、私は空想している。そしてヤマトタケルは伝説によればこれら三山のいずれにも関わりがあった。そしてそのことは、ヤマトタケルが単なる武人軍人でないことを示唆している。

宇気比《うけい》という呪術

神道呪術の代表例は、早くも日本神話・高天原《たかまのはら》の段に登場している。

「宇気比」である。

初出は記・紀のアマテラスとスサノヲの対決シーンである。呪術をおこなったのは、この二人である。

そもそもアマテラスとスサノヲが「宇気比対決」をおこなうことが高天原ドラマの始まりであるわけだが、その肝腎の「宇気比」について、これまでまともな解釈を読んだことも聞いたこともない。誰もが遠巻きに恐れてでもいるかのようで、たまさか触れるものがあっても、単に書かれたことをなぞるのみで、納得のいくものはなかった。

宇気比の記述で重要なのは、その結果、スサノヲが勝ち、アマテラスが負けたことである。

「私は勝った。なぜなら、私の子は女神（手弱女《たおやめ》）であるから」

とスサノヲに言わせている（『古事記』）。

この後、スサノヲが調子づいて狼藉をおこなったことにより高天原を追放されて、そこから一気に出雲神話に入ってしまうので、皆忘れてしまうのだが、ごまかされてはならない。いくらスサノヲが暴れて罪を問われても、そもそもアマテラスに宇気比で「勝った」という事実は消えることはないのだ。つまり、「スサノヲは明き心である」と、アマテラスのお墨付きが大前提として認められているのだ。とすれば、スサノヲが何をおこなっても「悪気はない」ということであり、もしこれを叱ることのできる者があるとすれば、父神・イザナギか、それ以上の神でなければならないだろう。

その勝敗の内容を、確認してみよう。

アマテラスとスサノヲは、それぞれ「神生み」をおこない、対決する。結果、アマテラスが生んだ神々はすべて女神（宗像三女神）であった。これに対してスサノヲが生んだ神々はすべて男神（オシホミミ等五神）であった。

しかし、アマテラスはスサノヲの物実《ものざね》に依っており、スサノヲはアマテラスの物実によっている。そして、この結果をスサノヲの勝ちと決したのだ。

しかしこの結論には不可解な点が二つある。

一つは、相手の物実（所有物）を借りて、相手のための神生みをおこなうことである。なぜ自分の物実を自分でやらないのか。当初から真意を疑っている相手に、信頼して任せるというのは矛盾であろう。また、相手の物実を借りておこなうなら、それだけでじゅうぶんで、自分の物実を預ける必要はない。なにしろスサノヲの真意を確認するためであるのだから。そもそもこの宇気比は、アマテラスとスサノヲの勝負ではなく、スサノヲの真意確認のためのものである。

もう一つは、女神が生まれれば勝ちで、男神であれば負け、という「判定基準」である。女神を生むことが上位で、男神を生むと下位、とはいかなる意味か。アマテラスは「生まれた神が男神なら、自分が引き取って高天原を託す」とまで言っているので、男神こそが高天原の支配者に相応しいと明言していることになる。

にもかかわらず、「女神を生んだほうの勝ち」とは論理的に整合しないのではないか。この流れならば、まったく正反対の判定結果でなければ論理破綻である。

ちなみに『日本書紀』一書（第一）ではアマテラスがスサノヲにこう言っている。「もしお前の心が清いならば、お前の生む子は男であろう」と。一書《あるふみ》（第三）でも同じ主旨の記述がある。しかもこちらのほうが論理的に整合している。

というのも、スサノヲが生んだ男神五柱にはこの後、高天原を統治させており、アマテラスが生んだ女神三柱は宗像（もしくは宇佐島）へ降臨させられている。この結果は、明らかに「男神を生んだほうの勝ち、女神を生んだほうの負け」という示唆であろう。

そしてこの事実は「男系男子」による皇統の継承を正統としているようにも解釈される。

つまり『古事記』本文においてのみ、自家撞着が生じている。「女神を生んだほうの勝ち」であるにもかかわらず「男神に高天原を統《す》べらせる」という矛盾が生じており、ここは後日の改竄が疑われる部分である。

なお、これについて、日本神話ではこの後二度と触れられることはない。論理矛盾が生じているためにに、これ以上発展させられないからなのか、あるいは「物実の交換」という不自然な行為が後から付け足したものであるから、ここのみ浮いているのか、どちらかであろう。

いずれにせよ、神道呪術は日本神話の初期の段階で、すでに重要な役割を果たしている。宇気比という典型的なヤマト言葉によって示される呪術は、本来いかなる性質の呪術であるのか不分明になるほど古式のものであったと思われる。

ただし、宇気比は早くに廃れ（あるいは本来の意義が不詳となり）、平安時代以降には、なぜか個人的な呪詛の行為を指すようになってしまった。

また、さらに時代は降って、江戸時代になると「丑の刻参り」「呪いの藁人形」なるものが密かに流行るようになる。これは、丑の刻に、神社の御神木に藁人形を打ち付けて特定の人間を呪うものである。

この藁人形には内部に呪う人物の体の一部を入れることになっているが、これこそは物実《ものざね》で、神話の宇気比と共通している。ただ、その目的はまったく異なるものであるが。

こういったものは、たまたま相手が病気や事故に遭うことで、呪いが効いたと勘違いする。そして、あたかもこの呪術が実効性のあるものとして一部に認知されることで定着するようになる。

しかしここではっきり言っておくが、藁人形のような呪術はない。江戸時代に民衆の間で生まれた迷信の一つにすぎないものだ。本来の宇気比とは、少なくとも「神意（神の意志）を問い糺すもの」であろう。それゆえに、三貴子の二神であるアマテラスとスサノヲによって初めて実行されるのだ。これを人間の欲によって、呪詛に用いるなど言語道断であって、それこそ通説にあるように「ひとを呪わば穴二つ」となるだろう。そう考えれば「罰《ばち》当たり」という俗説も、あながち根拠がなくもないかもしれない。

巫人であった皇太子

ヤマトタケルは武人であるよりも巫人《ふじん》（かんなぎびと、おとこかんなぎ）であったと思われる。ある種の霊媒師《シャーマン》であって、呪術を本来の業とする者である。古代道教でも用いられていた巫《ふ》術、蠱《こ》術、占術等であろう。

ただ、朝廷にあっては「まつりごと（祭・政）」の吉凶判断や戦略参謀でもあって、これはシナの『三国志』時代に諸葛亮孔明らが担っていた役割と多く共通している。異なるとすれば、ヤマトタケルは孔明らのように抜擢されたのではなくて、始めから朝廷にあって、なおかつ彼は、次の天皇《おおきみ》を約束されていた。

天皇を約束された者とは皇太子のことであるから、皇太子みずから呪術をおこなう必要はないかのように思われるかもしれない。しかしながらこの点がシナとの大きな相違で、記・紀にも実は記されているように、そもそもは呪術とは神の業《わざ》であって、その嚆矢は右に示したようにアマテラスとスサノヲである。そして歴代の天皇は、多かれ少なかれ帝王学として呪術を学んでいる。

天皇ではないが日本の建国をおこなったとされるオオクニヌシ（オオナムヂ）は、母親から呪術を継承していたと思われる。皇族と呪術の関わりを示す典型例であろう。因幡の白兎を救済したのは彼の医薬の能力によるが、これも母から習得した能力であろうし、八十神らに二度も謀殺されているが、一度目は母が神産巣日神《かみむすびのかみ》に泣きついて生き返らせてもらうものの、二度目は母がみずから生き返らせている。蘇生術こそは呪術の最たるものである。

そしてヤマトタケル（小碓）は、主に叔母である倭姫から習ったものと私は推測している。当時、巫女たる者は呪術の一つとして薬理にも長けており、倭姫はその頂点にあった。ヤマトタケルの東征における活躍を検証すると、その多くは薬物を活用したのではないかと考えられる。

そういった薬物を使う呪術の起源は古代シナにあって、かの大陸にあっては多くの闘いで巫術師が活躍暗躍している。その技術は琢磨されて、歴史的にも重要な場面で用いられている。しかしその技術は広く膾炙《かいしゃ》するような類いのものではなく、陰から陰へと伝えられる「暗い技術」であった。

後のヤマトタケル、元の名・小碓命の母は、景行天皇の皇后・ハリマノイナヒという。『古事記』では針間《はりま》之《の》伊《い》那《な》毘《ひ》能《の》大郎女《おおいらつめ》、『日本書紀』では播磨稲日大郎姫《はりまのいなひのおおいらつめ》と記し、キビツヒコの女《むすめ》である。

キビツヒコとは、若日子建吉備津日子命《わかひこたけきびつひこのみこと》（『古事記』）、稚武彦命《わかたけひこのみこと》（『日本書紀』）と記される、吉備氏（吉備臣）の氏祖である。

その直系の吉備真備《きびのまきび》が方術に長けていたことはよく知られているが、吉備氏一族には伝統的に道家の方術が息づいている。

ちなみに真備は遣唐使として渡唐しているが、特別な能力を高く評価されて玄宗皇帝に重用され、なかなか帰国を許されなかったという。その際の逸話には、鬼を使役したとされ、帰国の時には九尾の狐を連れ帰ったというものがある。実際に彼の方術がいかなるものであったか具体的に示す証左は存在しないが、少なくとも彼が天文や地理地学、医学薬学等によく通じていたことは間違いない。その後安倍晴明らを生み出す陰陽道・陰陽博士の元祖ともいうべき人物である。

その吉備氏の氏祖を父として育まれたイナヒが皇后となって、小碓を産むこととなるわけであるが、吉備氏の伝承がその子にも受け継がれたであろうことは容易に想像できることである。ただし、その具体的な手法についての記録はきわめて少ない。吉備系の呪術は、吉備津《きびつ》神社に伝えられている「鳴釜神事」くらいしか現在まで伝わっていないが、これは吉備真備がすべてを「口伝」としたことが影響しているだろう。

▼吉備津《きびつ》神社　岡山県岡山市北区吉備津

【祭神】大吉備津彦命　（配祀）日子刺方別命　倭飛羽矢若屋比賣命　千千速比賣命　大倭迹迹日百襲比賣命　御友別命　若日子建吉備津彦命　中津彦命　日子寤間命

主祭神は大吉備津彦命《おおきびつひこのみこと》。第七代・孝霊天皇の第三皇子で、元の名は彦五十狭芹彦《ひこいさせりひこ》命／比古伊佐勢《ひこいさせ》理毘古《りひこ》命という。四道将軍の一人であって、崇神天皇十年に山陽道に派遣され、吉備全土を平定した。その子孫が吉備国造となり、以後、吉備臣《きびのおみ》を名乗る。

この土地は肥沃であって、穀物の黍《きび》が豊富に収穫できたことに由来する地名であろうと思われる。「桃太郎伝説」のキビ団子もこの事実に由来するものであるだろう。また、「吉備」の字は、後に好字令にともなって選ばれたもので、したがって「吉備津彦」という名乗りはそれ以後のことであるだろう。吉備津彦は桃太郎のモデルであるとされているが、彼が退治した「鬼」が、実は吉備津彦神社に祀られている。吉備津彦神社の境内末社・温羅《うら》神社がそれで、祭神は温羅和魂《うらのにぎみたま》である。「温羅」（うら、おんら）という呼び名がどこから来たものか不明であるが、吉備津彦神社の伝承ではこれが鬼の名前ということになっている。訓読が確定しないのは、元々が漢字であるということであろうから、渡来であろう。

伝承によれば、温羅は、吉備国の外から飛来して、つまり外国から来訪して、この地方に製鉄技術をもたらしたとされる。それによって、この後、吉備は刀剣などの名産地となる（その後、備前長船などの名刀を生み出したことで備前刀工は名高い)。そして温羅は、難攻不落の鬼ノ城を拠城として吉備一帯を支配するようになったという。

統治権を奪われた土着の者たちは、奪い返すべく朝廷へ訴えた。時の崇神天皇は、四道将軍の一人であった彦五十狭芹彦(吉備津彦)を討伐軍の将として差し向けた。討伐軍は、現在の吉備津神社の場所に本陣を構えた。

戦端が開かれると、吉備津彦命は矢を一本ずつ射たが、矢はすべて岩に飲み込まれて効果がない。そこで命は、一度に二本の矢を射たところ、温羅の左目に命中した。すると温羅は雉《きじ》に化けて空へ逃げたので、吉備津彦命は鷹に化けて追ったところ、今度は温羅は鯉に化けて水中に逃げたので、吉備津彦命は鵜となって、ついに温羅を捕らえ、討ち取った。最後は呪術力による勝利であった。

討ち取られた温羅の首は晒されたが、首はしばしば目を見開いて唸り声を上げた。それを民衆が怖れるので、吉備津彦命は、犬飼武命に命じて温羅の首を犬に食わせて骨としたが、それでもなお静まらなかった。

そこで吉備津彦命は、吉備津宮の釜殿の竈の地中深くに温羅の頭蓋骨を埋めたのだが、それからも唸り声は十三年間にわたって鳴り響いた。

そんなある日、温羅の霊が吉備津彦命の夢に現れた。そして「わが妻、阿曽媛に、釜殿の神饌を炊かせよ」と告げた。そしてその通りに神事をおこなうと、唸り声はついに静まった。これ以後、釜殿では神饌を炊くことによってその年の吉凶を占うようになった。これが現在まで続く「鳴釜神事」である。今もなお連綿とおこなわれ続けている神道呪術である。

ちなみに、吉備津神社(中山茶臼山古墳)が吉備津彦の墳墓で、吉備津彦神社は温羅の墳墓であろうと私は推測している。両社は、距離にしてわずか二キロメートルしか離れていない。間に中山があ

吉備津神社の御釜殿（上）と、その内部（下）　撮影・筆者

り、中山の吉備津神社側に御釜殿はある。茶臼山古墳の麓になるので、吉備津彦が温羅の怨霊を抱え込んで押さえつけている形になる。これは封印の呪術である。

温羅を討ち取った呪術も、また封印した呪術も、その源流は道家《どうか》の方術である。

そもそも道家が最終的に目指したのは「不老不死」あるいは「死者の蘇生」である。したがって、すべてはその目的に到達するための流れの中にあるはずで、さながら西欧の錬金術が様々な化学的成果を生み出したのが、最終的に「黄金を創り出す」という目的の過程において生まれたものとよく似ている。

ちなみにヤマトタケルが死の直前に詠んだ歌に、「長寿の呪術」が見られる。

「熊白檮《くまかし》が葉を　髻華《うず》に挿せ　その子」

これは、常緑樹の枝葉を簪《かんざし》にして髪に挿し、長寿および豊饒を祈願将来する手法である。これは今もなお、神道の祭祀でおこなっている神社・神職が少なくない。ヤマトタケルに由来する古式の神道儀礼であり、古神道の呪術祭祀である。道教系の方術とは反対の方向を目指しているのは、すでに神道化している方術呪術があることを示唆している。

なお、ヤマトタケルの東征に際して第一の従者であった吉備武彦は、この吉備氏の上祖（始祖）である。

呪《しゅ》と神

呪とは、良くも悪しくも「神」への信仰に基づく観念である。しかもその「神」なるものの正邪を問わない。

「神」という語は、『古事記』の景行天皇記には二二箇所登場するが、山神・河神・穴戸神などが見えるとともに、悪神・荒神なども見える。

また『日本書紀』の景行天皇記には五〇箇所登場するが、天神・大神・海神などが見えるとともに、悪神・暴神・邪神なども見える。

つまり「呪」と「神」は同義語である。神が呪をおこなうのが本来の神道呪術である。そして古代においては、天皇はそれをおこなう「巫（かんなぎ）」であって、何者にも優る最高度の修行（訓練）と実践（征討）をおこなう者であった。

古神道は呪術と一体であった。神道の根本祝詞《のりと》である『大祓詞《おおはらいことば》』の中に、その証左が見て取れる。「天津罪・国津罪」のくだりである。なお、現在奏上されている大祓詞では、不適切な表現や語彙があるとして、天津罪・国津罪の具体的な罪名を省略しているので、次に原文を示しておこう。

▼**現行の大祓詞**（大正三年／内務省制定　戦後、神社本庁により編集）

「天津罪　国津罪　許許太久《ここだく》の罪出でむ」

▼**原文の大祓詞**（平安時代中頃／『延喜式』所収）

「天つ罪とは　畔放《あはな》ち　溝埋《みぞう》め　樋放《ひはな》ち　頻蒔《しきま》き　串刺《くしざ》し　生剝《いきは》ぎ　逆剝《さかは》ぎ　屎戸《くそへ》　許々太久《ここだく》の罪を天つ罪とは法《の》り別《わ》けて　国つ罪とは　生膚断《いきはだたち》　死膚断《しにはだたち》　白人《しらひと》　古久美《こくみ》　己《おの》が母犯せる罪　己が子犯せる罪　母と子と犯せる罪　子と母と犯せる罪　家畜犯せる罪　昆虫《はうむし》の災　高つ神の災《わざわい》　高つ鳥の災　畜仆《けものたお》し　蠱物《まじもの》せる罪　許々太久《ここだく》の罪出《いで》む」

『大祓詞』という祝詞は、神社神道において最も重要な根幹の祝詞である。また、大祓詞を奏上する大祓神事は、六月の晦日《みそか》と十二月の晦日にすべての神社で必ずおこなわれる、神社神道の基軸祭祀である。つまり神社神道は、天津罪と国津罪を「祓う」ことに最大の精力をかたむけているということだ。――それはいったいいかなる罪か、以下に簡単に解説しておこう。

【天津罪】

畔放《あはなち》――畔《あぜ》を破壊して水田灌漑を阻害すること。

溝埋《みぞう》め、樋放《ひはな》ち――水田用水のための溝を埋め、水路を破壊して灌漑を妨害すること。

頻蒔《しきま》き――すでに種の蒔かれた耕作地に重ねて蒔くことで作物の生産を阻害すること。

串刺《くしざ》し――他人の家畜に串を刺して殺すこと。あるいは他人の田畑に呪詛の串を埋めて傷害を謀ること。

生剝《いきは》ぎ、逆剝《さかは》ぎ――牛馬など家畜の皮を生きながら剝いで殺すこと。

屎戸《くそへ》――神事に際して神殿を糞尿などの汚物で汚すこと。

【国津罪】

生膚断《いきはだたち》――生きている人の皮膚に傷を付けること。傷害罪。

死膚断《しにはだたち》――死体を傷付けること。死体損壊罪。

白人《しらひと》――白皮症（＊いわゆる白子のこと。単なる色素欠乏症であるが、かつては無知ゆえに祟りによるものとされた）。

古久美《こくみ》――背骨が湾曲し、背中が瘤状に盛り上がること。傴僂。

己《おの》が母犯せる罪　己が子犯せる罪――実母との相姦、実子との相姦。近親相姦。

母と子と犯せる罪　子と母と犯せる罪――性的交渉をもった女の娘とも、その後性的交渉をもつこと。また、性的交渉をもった女の母とも、その後性的交渉をもつこと。

家畜犯せる罪――獣姦のこと。『古事記』仲哀天皇記には「馬たわけ」、「牛たわけ」、「鶏たわけ」、「犬たわけ」とある。

昆虫《はうむし》の災――地面を這う昆虫＝毒蛇、ムカデ、サソリなどによる災難。細菌性の伝染病。

高つ神の災《わざわい》――落雷による災害。感染性の疫病・伝染病。

高つ鳥の災――鳥類が媒介する疫病。

畜仆し《けものたおし》　蠱物《まじもの》せる罪――家畜を殺し、その死体で他人を呪う蠱道《こどう》のこと。

もうお分かりと思うが、最後の「畜仆し　蠱物せる罪」である。蠱道のことであって、蠱術《こじゅつ》、巫蠱《ふこ》、蠱毒《こどく》などともいう。古代シナ（殷周時代）においてすでにおこなわれていたとされ、主に畜毒を用いて人を謀殺することである。

これは呪術の一つであって、わが国に伝わってよりは、厭魅《えんみ》と共に「厭魅蠱毒」として最も頻繁におこなわれており、なおかつ主旨が悪質であるとの認定によるものであろう。『大祓詞』を収載した『延喜式』の成立は九二七年であるから、その当時には朝廷が禁止しなければならないほど、この〝悪質な呪術〟は流行していたということだろう。なお、厭魅や蠱毒などは言葉こそ異なるが、実体はあまり変わらないはずであるが、なぜ様々な呼び名が派生したのかは不明である（それを業とする者が独自性を主張するために個々に名付けたとも考えられる）。

これらの罪を概観すると、おそらくは、天津罪は弥生人の罪観念、国津罪は縄文人の罪観念として認識されていたのではないだろうか。つまり、稲作民の罪観念、狩猟漁撈民の罪観念である。すなわち神社神道はヤマト朝廷の罪観念であり、古神道は土着の人々の罪観念とも考えられる。縄文人の血脈につらなる人々は呪術を能《よ》くおこない、ヤマト朝廷はこれを嫌ったという構図にも読み取れる。

かつてさかんに厭魅がおこなわれたのは、病死が寿命を短くしていた時代に、盛んな呪詛と、病死との偶然の一致で、あたかも呪詛が成功したかのような現象が吹聴されて、呪詛などというものがありうるかのように広まったことによるだろう。実際には呪詛は、それをおこなう者の精神的カタルシスに過ぎないのだが、呼び名を変えてますます広まった。しかも呪詛を生業として引き受ける者が巷間に少なからず発生し、彼らは薬殺すなわち毒殺（蠱毒）か、公表できない方法による殺害さえおこなった。こうした謀殺を何者かの呪詛によるもの、つまり犯人不明として処理するための方便としても厭魅は広く浸透した。

なお、これをおこなう者、能くする者は、殺害方法に巧みな犯罪者であったが、これをあたかも呪術魔術であるかのように装うことによって、単なる殺人犯が高度な術者であるかのように思わせることもしばしばあった。

つまり呪術者は、薬物に長けた者であったと思われる。しかしその薬物は殺害目的の毒薬ばかりではなく、治療や幻覚、一種の催眠など様々な効能を獲得するに至っていたであろう。その一つとして大麻が重用されたことは、古代の朝廷において忌部《いんべ》氏が活躍していたことからも推定されている。

朝廷は、野放し状態であったこれらを直接管理することによって解決しようとしたのが次に示す「陰陽寮」「典薬寮」の設置である。

少し長くなるが、ここで陰陽道の呪術と祭祀（技法）を紹介しておこう。歴史上初めて公的に呪術の全体像と個別次第が定められ確立された重要な記録である。ヤマトタケルの時代におこなわれていた呪術は具体的にどのようなものであったか記録がないので不詳であるが、それらが集大成されたものが陰陽道であろう。以下に示す次第はその原型がヤマトタケル時代の呪術であって、陰陽道はヤマトタケルの呪術の血脈を直截に受け継いでいるはずである。

朝廷の巫・陰陽寮制度

ヤマトタケルが活用していた呪術巫術、それらを含めて次第に俗化して行き、これを再編し直接管理しようとしたのが天武天皇による陰陽寮、陰陽師の設置である。いわば、「古代における呪術的集大成」と言ってもよいだろう。陰陽師とは、方士や方術師と同義語の和語である。ヤマトタケルは、ある意味で陰陽師の先駆けであったと言えるかもしれない。

なお大祓詞の時点ですでに認識されていたのは「蠱道」のみではなく、これに代表される呪術全般である。すでに当時は、聖俗入り交じった呪術が相当に浸透していたと推測されるが、朝廷はこれらを一括して禁止し、朝廷の直轄によって管理しようとした。それが陰陽寮の陰陽博士・陰陽師であり、典薬寮《てんやくりょう》の呪禁《じゅごん》博士・呪禁師《じゅごんし》である。

すなわち、陰陽寮の時代こそは、陰陽道にとって表舞台の時であった。天武天皇の在位は六七三年から没年の六八六年。いわゆる白鳳時代であって、陰陽寮の草創期である。六七五（天武四）年に、初めて「陰陽寮」の語が録された。また同年に「占星台《せんせいだい》」が造られて（星の動きにより災厄の予言をおこなう）、これが国立天文台の第一号である。

養老律令によって定められた当初の構成は以下の通り。陰陽寮は中務省《なかつかさ》に属し、陰陽頭《おんみょうのかみ》を長として事務官と技術官を置いた。


【事務官】

陰陽頭・助《すけ》・允《じょう》・大属《さかん》・少属《さかん》――各一人

【技術官】
陰陽師――六人
陰陽博士――一人　陰陽生《おんみょうしょう》――一〇人
暦博士――一人　暦生《れきしょう》――一〇人
天文博士――一人　天文生《てんもんしょう》――一〇人
漏刻博士――二人　守辰丁《しゅしんちょう》――二〇人
使部《じぶ》――二〇人　直丁《じきちょう》――三人

事務官と技術官は、現行の大学でいえば、事務方と、教授・研究者に例えられるだろう。陰陽頭は、さしずめ学長というところである（運営の事務は本書のテーマではないので、本書では技術官についてのみ採り上げる)。なお、技術官はこの後にも、何段階かにわたって増強されて行く。たとえば七三〇(天平二)年には得業生が設けられ、陰陽三人、暦二人、天文二人が配属される。また、経済的な保証も確保されていき、特に桓武天皇は平安建都に当たって強化した。

ちなみに陰陽生たちは、どんな教科書で陰陽道を学んでいたのか、以下に必修であった主な書籍文献を紹介しよう。これらは『続日本紀《しょくにほんぎ》』に記録されているものだ。

天文生《てんもんしょう》――『天官書』『漢晋天文志』『三家簿讃』『韓楊要集』
陰陽　生《おんみょうしょう》――『周易』『新撰陰陽書』『黄帝金匱《きんき》』『五行大義《ごぎょうたいぎ》』
暦生《れきしょう》――『漢晋律暦志』『大衍《たいえん》暦議』『周髀算経』『定天論』

これらはもちろん、すべてシナ伝来の書であるが、そのほとんどは失われてしまい、残念ながら現存するのは『五行大義』などごく一部である。とくに『黄帝金匱』は、式占に関する第一の基本書であったとされるが、失われて今は伝わっていない。晴明の著書『占事略決』はこれをふまえているとされるので、推測するばかりである。

なお、呪禁師《じゅごんし》は宮内省の典薬寮内に設けられた職制で、呪禁すなわち「まじない」を専任としていたとされるが詳細は不明。呪禁師二人、呪禁博士一人、呪禁生《じゅごんしょう》六人。

この規模の官庁が七世紀に忽然と設置されたのかといえば、むろんそのようなことはありえない。官庁の事務的な業務の一部が時代と共に肥大化し、新たに切り離して独立した官公庁とするのは現代でもよくある話だが、まるで気配も見当たらない業務をおこなう官公庁が突発的に発足することは、まずないと考えられるからである。すでにかなり以前から朝廷内に浸透していたからこそ、天武天皇の決断でおそらく設置に至ったものだろう。

ことが呪術にかかわるものは、記・紀の記録でも結論のみが簡潔に記されているのみで、その具体的な業務や内容は省略（秘匿）されているところから、朝廷関連の呪術は公表しないという了解が前提としてあったのだと思われる。それはヤマトタケルが実践した呪術はもちろんのこと、その前後に呪術としか解釈できない事象があっても、同様に結果のみの記述でしかないのはそのためであろうと思われる。


古神道は呪術を基盤とするもので、明治以降の復古神道や神社神道とは異なるものである。古代から平安にかけてのヤマト朝廷はこれを重用した。

なお明治維新の際にもふたたび、これと同様の対策がおこなわれた。長年月を経てふたたび俗信と化していた陰陽道等を徹底的に排除し、その本質的な機能を新しく作った政府機関に吸い上げたのだ。これが気象庁や国立天文台、各種の研究機関などに変身する。明治政府のこの政策は、かつて天武天皇が陰陽寮を創立した先例に倣ったものだろう。

この陰陽寮の興亡とともに、陰陽道そのものも発展から衰退の道をたどった。とりわけ応仁の乱（一四六七）以降の京においては、陰陽師の活躍した形跡はほとんどない。それればかりか、宗家となった安倍＝土御門家は、辺境の名田庄（福井県名田庄村）へ避難するかのように本拠を移してしまった。これ以後は、陰陽道が歴史の表舞台に登場することはない。歴代の天皇や、時の支配者に請われて、土御門家は天曺地府祭や泰山府君祭を執りおこなった。一度は秀吉によって弾圧を受け、消滅寸前までいくのだが、その淵でかろうじて家康に救われる。以後、徳川の庇護のもとに、形を変えて幕末まで連綿と続くことになる。霊的権威の保証としての機能、また災厄を祓う機能、そして暦を作成する機能、この三つに特化して江戸時代には存続していたものである。

それでも天海（江戸初期）のように、個々に陰陽道をきわめた人物が現れて、その成果が歴史上に刻印されているが、いずれも結果からの読み取りにすぎない。おこなった者も、おこなわれた手法も、秘して表に出ることはついになかった。陰陽道は、陰陽寮の衰退とともに実体を失って、ついには「秘法」になったのだ。


ところが法制上は、実に明治初期まで連綿と存続していた。明治憲法の発布によって公的には廃止となるが、論理的には、ここで新たな組織にその役割を引き継がれたことになる。暦は、それまでの太陰暦が廃止され、太陽暦を採用し、東京帝国大学が編纂することになった。また天文は、すでに陰陽道本来の姿は失われており、近代天文学の前になすすべもなかった。したがって、土御門家の役割は完全に消滅し、ここに陰陽道の系譜は途絶する。

陰陽寮・陰陽道の呪術祭祀

九二七年に成立した『延喜式』に陰陽寮の項がある。そこに、当時おこなわれていた陰陽道の祭祀が一部記録されているが、平安末期に初版が成立した『伊呂波《いろは》字類抄《じるいしょう》』によると、すでに八十八の祭祀が陰陽道祭祀として挙げられている。なお、『伊呂波字類抄』では神道の項目に収載されており、そのうちの異神道的祭が陰陽道祭祀になる。ここにいう「祭祀」とは呪術を体系化儀式化したものである。いわば、古来の呪術の集大成である。

なお、その後も陰陽道祭祀の数は増え続けるが、公式の記録には一部しか録されていないため、全貌はつかみにくい。最終的には百五十以上であったとされるが詳細は不明。陰陽道においては公的に呪術を実施する場合、「国家祭祀」か「天皇祭祀」としておこなった。これを逸脱するような呪術は排除された。

▼四角四堺祭《しかくしかいさい》

宮廷の四隅、平安京の四隅の鬼気や祟り、疫病を鎮め祭る国家祭祀。後に「鬼気祭」をも吸収して「四角四堺鬼気御祭」となる。

鬼気祭とは、御所の四隅の場所、乾・艮・巽・坤で行われたもの。紙製や木製などの形代《かたしろ》を使って鬼気を吸いとり、外へ持ち出し捨てる。国家祭祀ではなく、天皇御一人を災厄から守る祭祀であった。四角四堺祭との合体によって、その時から「天皇は国家と一体になった」という認識が成立したと考えられる。同様の古神道祭祀であった道饗祭《みちあえのまつり》も吸収した。

▼五龍祭《ごりゅうさい》

「神泉苑《しんせんえん》」で執りおこなわれた雨乞いの祭祀で、国家祭祀。五龍とは陰陽五行説の五行から生じた龍神の意味。木気の青龍を東、火気の赤龍を南、土気の黄龍を中央、金気の白龍を西、水気の黒龍を北に祀り、茅で作った神像を置き、神饌を供えて祈雨する。

▼泰山府君祭《たいざんふくんさい》

陰陽家・安倍氏が最も得意とした祭り。祀る神は古代シナの信仰に起源するが、完全なメイド・イン・ジャパンの祭祀。

基本的には不老長寿を祈禱する祭祀であるが、「死者を生き返らせる呪術」でもあるとされる。伝説では、安倍晴明自身も、蘆屋道満によって一度は殺されたが、師匠の伯道がこの祭祀をおこなうことによって甦らせている。ヤマトタケルの最後の場面において、この呪術がヤマトタケル自身に対しておこなわれたとも考えられる。

この祭祀は、陰陽師であっても特に優れた能力が必要とされるが、安倍晴明はこの祭祀を修したという数回の公式記録がある。

泰山府君とは、シナ五岳のひとつ東嶽泰山であり、道教の神である。泰山は、世界の龍脈の大元であり、太祖山である。陰陽の気は、ここから発する。陰陽道では、冥府の神、すなわち人間の生死を司る神、として崇拝された。人間の寿命や生命そのものを左右する、という訳である。そこから地獄の閻魔大王とも同一視された。

またスサノヲやオオクニヌシなど日本の地祇とも結びつけられ、本地垂迹説では、本地は地蔵菩薩とされた。平安時代には宮廷公家の間で盛んに修され、鎌倉幕府、江戸幕府でも頻繁におこなわれた。

▼天曺《てんちゆう》地府祭

天皇の皇位継承に際しても、必ず陰陽道の祭祀がおこなわれていた。天曺地府祭という。一代一度の大祭で、少なくとも江戸時代には孝明天皇の御代に至るまで、即位にともなって必ずおこなわれた。起源は不明。おそらく「秘儀」であったがゆえに記録も残さなかったのではないかと思われる。シナの皇帝がおこなったのと同様の祭祀である「封禅」についても、秘儀ゆえに具体的な記録はすべて破棄されて残っていない。その祭祀がおこなわれたという事実のみで、内容は不明である。

天皇の皇位継承のための一代一度の祭祀である「践祚大嘗祭《せんそだいじようさい》」も、実は核心のところは一切が秘事である。天皇御一人のひそかごとであって、他の何者も知ることはできない。これを空想や妄想で述べたものが巷にいくつかあるようだが、余人にわかるはずのないものであって、しかも資料や記録は絶無である。不明不詳とするのが真摯な態度というものであるだろう。

しかし天曺地府祭については、都状という祈願文の残るものもあり、また他のいくつかの資料で祭儀の次第も概略は把握できる。現存している都状で最古のものは『朝野群載《ちょうやぐんさい》』に後陽成天皇の慶長六年正月晦日のものがある。なお徳川においても、将軍宣下の際に必ずおこなわれた。

天曺とは、天帝とその官吏である天上の星の神霊である。つまり天神のこと。

地府とは、五岳の第一である泰山の神・泰山府君とその家令である。つまり地祇のこと。

すなわち天神地祇《てんじんちぎ》、天津神と国津神に祈願奉告する祭祀である。

シナでは、天子となる者は、一代一度の「封禅」をおこない、天神地祇に天命を深謝する。

そこで、日本の天皇も、天命を受けてのものとアピールするために、封禅に相当する祭として陰陽家が発想したものだ。これはおそらく、桓武天皇の郊祠《こうし》が起源であるだろう。

後陽成天皇の天曺地府祭は紫宸殿においておこなわれた。取り仕切る長官は土御門久脩である。この直前まで秀吉の断罪によって流罪となっていたものが、家康のはからいで名誉回復し、京に戻ってのものである。以後、土御門家は京にいて、陰陽道宗家として天皇家と将軍家の天曺地府祭を取り仕切ることとなる。なお、後水尾天皇も紫宸殿においておこない、それ以後は孝明天皇に至るまで、すべて土御門邸においておこなわれた。

▼四方拝《しほうはい》

正月元旦に、天皇がおこなう祭儀。陰陽師は関与しないが、陰陽道の祭祀であって、現在に至るまで連綿と続いている。旧暦一月一日の寅の刻（午前四時頃）、天皇は黄櫨染御袍《こうろぜんのごほう》という黄色の朝服《ちょうふく》を着用し、清涼殿の東庭に出御する。

天皇はまず北に向かい、自らの属星《ぞくしょう》を拝する。属星《ぞくしょう》とは、陰陽道では、誕生年によって定める北斗七星の中の一つの星で、その人の運命をつかさどる命運星である。

次に天を拝し、西北に向かって地を拝し、それから四方を拝し、山陵を拝する。

起源は、不明。平安時代にはすでに正月元旦の恒例となっていた。このとき天皇は以下の呪言を唱える。

賊寇之中過度我身《ぞくこうしちゅうかどがしん》、毒魔《どくま》之中過度我身、毒気《どくけ》之中過度我身、毀厄《きやく》之中過度我身、五鬼六害《ごきろくがい》之中過度我身、五兵口舌《ごひょうくぜち》之中過度我身、厭魅呪咀《えんみじゅそ》之中過度我身、百病除癒《ひゃくびょうじょゆ》、所欲随心《しょよくずいしん》、急々如律令《きゅうきゅうにょりつりょう》。

最後の「急々如律令」は陰陽道独特の呪文である。漫画や映画でも、安倍晴明がしばしば唱えていたので、ご記憶のむきも少なくないだろう。片手か両手で印を組んで唱えればよい。意味は、強いて言えば「急ぎ律令のように厳しくせよ」といったところだが、実際の使われ方とはあまり関係はない。呪文とはそうしたもので、文言が一人歩きする。

また、この前段に並んでいる文言も、多少の異動はあるが一千年以上使われてきている呪文である。字面の通り、賊や毒や危害、病気、苦悩などの排除を祈念するものであるが、文法的には省略されて、やはり呪文化している。なお発音は参考までルビとしたが、本来我々の容喙すべからざる領域のことであって、みずから唱えるただ御一人のみの知るところである。四方拝とは、そういうものだ。

▼大祓《おおはらい》

「神社でお祓いしてもらう」とは、現代人にもまだまだ馴染みのある科白だろう。「厄払い」ともいう。神社では随時祈禱しているが、いわばその総括ともいうべき「大いなるお祓い」を、六月晦日《みそか》と十二月晦日（大晦日《おおみそか》）におこなう。とくに六月晦日の大祓は、名越《なごし》の祓、夏越《なごし》の祓とも呼ばれ、歴史も古く、神道で最も重要な祭祀の一つである。

白い紙を人の形に切り抜いた「人形《ひとかた》」に、名前や年齢などを書き、頭、胸、両腕などをなでて息を吹きかける。これは、罪穢れを人形に移す作法である。そしてそれを、大祓式で祈願してもらう。また、多くの神社では境内で「茅《ち》の輪くぐり」をおこなう。大祓で使う茅を束ねて一つかみほどの縄を作り、それで大きな輪を設ける。これをくぐり抜けることによって、災厄を祓うという儀式である。なお、この茅の輪が「注連縄《しめなわ》」の起源になっているという説もある。

祓いとは、もともとは神道の祭祀であった。祓いの役割が陰陽道に移ったのは、陰陽寮が発足して間もなくである。以来、明治初頭まで続き、ふたたび神道に還ることとなった。現在、陰陽道の痕跡は神道を始め、ありとあらゆる日本文化に刻印されている。しかし、陰陽道そのものは明治政府によって廃止され、もはや存在しない。しかしその血脈は、神道の中に脈々と受け継がれていると理解していいだろう。現代の神道は、いわば宮廷陰陽道の直系なのである。なお「大祓詞」については、最も古い形の呪文呪言である。

▼追儺《ついな》

「節分」と「鬼追いの豆撒き」とは無関係である。節分の本来の意味は「立春の前日」のことで、つまり「明日から春になる日」ということだ。これは文字どおり「季節を分ける」という意味で、だから立夏、立秋、立冬の前日も節分である。もっとも今では他の節分にはとくに行事はない。やはり「春が来る」というのは、特別なことなのだ。

しかし一般に「節分行事」と思われているものは、実は「追儺《ついな》」のことである。追儺とは「鬼追い」という意味で、「儺」だけで「おにやらい」とも読む。

元々はシナの古い宮廷行事で、平安時代には陰陽師が重要な役を果たす朝廷行事の一つであった。現在も、京都の平安神宮では、毎年二月三日に節分行事がおこなわれるが、とくに平安時代の追儺を再現した、古式の「大儺之儀」は見ものである。他では、まず見ることができない。

朝堂院に設けた斎場の四隅に四色すなわち四神の垂を掛けて結界とし、そこで儀式はおこなわれる。大ヒット小説／漫画『陰陽師』では、愛すべき副主人公の源 博雅《みなもとのひろまさ》が方相氏《ほうそうし》となって、黄金の四つ目の面を被っていたが、まさにそのままに「鬼やらう！」と発声する。続けて上卿が桃の木の弓で葦の矢を射て邪気を祓う。「桃」と「葦」は、祓いの呪力を持つとされている植物だ。これが節分行事の原型「追儺」であるが、ここに「豆撒き」はない。

節分行事は、本来は大晦日の大祓におこなわれる行事であるが、西暦に替わったときに、二月の立春の節分行事として定着した。立春のための年越し日である節分と、年越しの祓え行事としての追儺が、つごうよく融合したものが現在の節分である。

ところで平安神宮は、なぜ社殿全体が朱色に塗られているのか。大分の宇佐《うさ》神宮《じんぐう》や、広島の厳島神社《いつくしまじんじゃ》など、神社にはいわゆる「朱塗りのやしろ」というものもあるし、出雲大社や伊勢の神宮に代表されるように、「白木造り」もある。

その「朱塗り」の根拠は陰陽道である。平安神宮のような建築を、古い言葉で「丹楹粉壁《たんえいふんぺき》」と形容する。これは「赤い柱に、白い壁、蒼い瓦」を意味するもので、「黒檀の玉座」と合わせて陰陽道の四神相応を体現しているのである。朱雀の赤、白虎の白、青龍の蒼、そして玄武の黒である。

かつては、宮殿や大社大寺の多くが、この思想で造られた。平安神宮は、平安遷都一一〇〇年記念に造られたものであるが、かつての平安宮殿を約八分の五のサイズでそっくりそのまま再現したものである。その際に、建築思想も再現した。

しかしそれならば、現在の京都御所はなぜ朱塗りではないのか。元々の宮殿そっくりの平安神宮と、後世に造られて今も残る京都御所とは、まったく似ていない。あでやかな丹楹粉壁の神宮に対して、御所は檜皮葺きの格調高い白木造りである。実は、大陸渡来の建築様式は「塗装文化」で、わが国発祥の和風建築は「白木文化」なのである。その理由は木材の違いにある。大陸や欧米は広葉樹が建築資材なので、表面のざらつきをカバーするために塗料を塗る。しかし日本は針葉樹なので、その必要がない。それが根本的な理由である。広葉樹はニスやラッカーで塗装すると、美しく変貌する。針葉樹は、そのまま磨けばますます輝く。両者にはそんな違いがあるのだ。

それでは鬼はなぜ「豆」に弱いのか。豆は古神道では「呪物」で、古来、魔を祓う力があるとされている。追儺の桃の弓や葦の矢の代わりに、簡単な豆撒きを採用したというところだろう。

他にも**祇園御霊会**《ぎおんごりようえ》といった疫病の魔、すなわち疫鬼の退散を祈念するものもある。

こういった祭祀のいくつかは現代にまで生き残って、いわゆる「お祭り」になっている。もはやその本質である「呪術性」を認識している人は少数になっていると思うが、古代より連綿と続いていることには、何らかの意味があるだろう。もしかすると、それが日本人のアイデンティティと直結しているのかもしれない。

以下は、平安時代に入ってから陰陽道として定まったものであるが、原型は道教の巫術呪術である。これ以前のわが国の状況については詳細な資料は残っていないため、この段階での情報が最古形となる。

ただ、道教の移入した時代（弥生時代初期）から考えて、これらの基本的な移入はヤマトタケルの時代にはすでにあったと推定されるため、当時の概念を左記に記す。より古式の呪術が具体的にはいかなるものであったかを、ある程度ここから類推できると考えている。

▼式神《しきがみ》

『今昔物語集』や『宇治拾遺物語』には「識《しき》」と記されているが、識は古代シナでは「魂」「精霊」を意味する文字として使われていた。いずれにしても、「使鬼《しき》」と書かれる例もあるように、霊的存在であって、陰陽師はそれを意のままに操ることができたということになっている。「占事略決」によれば、晴明の式神は十二将。仏教の十二神将とは無関係で、安倍晴明独自のものだ。北極星を中心とする星や方位を神格化したもので、それぞれ十干十二支や五行、とくに方位や季節に配当されて、その意味を象徴する。中でも四神すなわち青龍・白虎・朱雀・玄武は、強力だ。二十八宿のうち、それぞれが東西南北の七宿をつかさどる。相地法の四神相応で霊力を発揮する四神獣を、晴明は式神としてコントロールしていたのだという。

これらの式神が、それぞれの役目を果たしていると知ることで、対処対応が生まれる。陰陽師は、これを善悪いずれにも自在に操作できたようだが、凶将は禁忌《タブー》、吉将は活用した。方位が凶将にぶつかるときは「方違え《かたたが》」をすれば、気を好転させることができるとする。

なお、式神を管狐《くだきつね》や犬神など低級霊とする説もある。鎌倉時代の「新猿楽記」などには陰陽師は三十六禽を操ると記されている。

▼**呪符《じゅふ》**

いわゆる「五芒星《ごぼうせい》」のこと。安倍晴明がとくに用いたことから「晴明紋」「晴明桔梗」とも呼ばれ、晴明神社ではこれを社紋とも神紋ともしている。写真のように魔除けの絵馬をはじめ、守り札などすべてに刻印し、護符としている。五行の相性相剋図も五芒星と五角形であり、易経や天文知識にも通じていた晴明は、ここに内包された黄金分割の数理についても承知していただろう。

五芒星☆が黄金比によって成り立っていることを発見したのは古代ギリシャの哲学者ピタゴラスであるが、彼のグループは「ペンタグラム」と呼んでこの星型図形を特に尊重し、シンボル・マークとしていた。古来、霊力や啓示の象徴ともされているので、その意味合いも当然あっただろう。ピタゴラスは、万物の根本物質は「数」であると考えた。つまり天体の運動も自然の造形も音楽も美術も、すべて「数の法則」によって成り立っているというものである。その考え方を代表する原理が「黄金比」である。

黄金比とは古くからもっとも美しい造形の真理とされているもので、とくに「2辺の比率が黄金比となる長方形」はもっともすぐれた美しい形と認識された。パルテノン神殿の造形やギリシャ彫刻、モナリザをはじめとする古典芸術の多くは黄金比の組み合わせから成り立っている。最も調和のとれた比率とされ、この比率による長方形こそは、私たち人類にとって先天的に最も美しく完全に見えるようだ。私たちの身の回りにある普遍的な長方形は、その多くがこの長方形の近似値である。たとえば日本人が一般的に使っている「名刺」の形がこの比率である。

いずれにしても、この「呪符」は日本において古くから浸透定着している。たとえば三重県志摩地方の海女、とくに伊勢の神宮《じんぐう》と、伊雑宮《いざわのみや》の御食地の海女は、頭を被う手ぬぐいに☆（五芒星）と卌（九《く》字《じ》）を染め抜いて、海での安全守護としている。

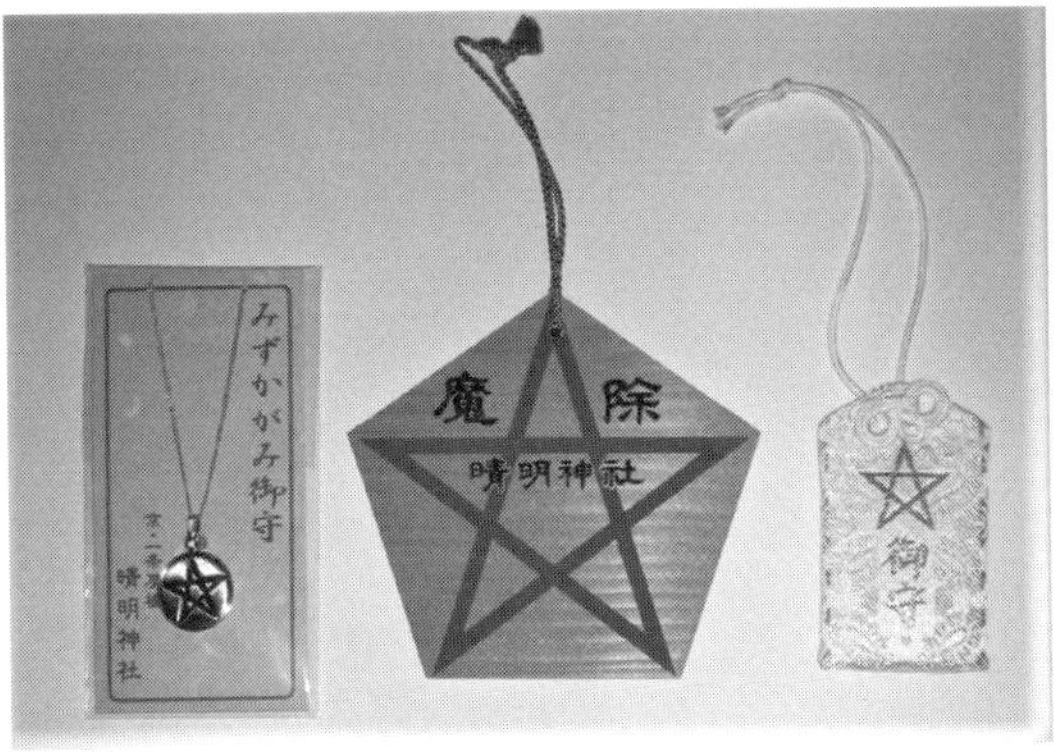

晴明神社の五芒星御守

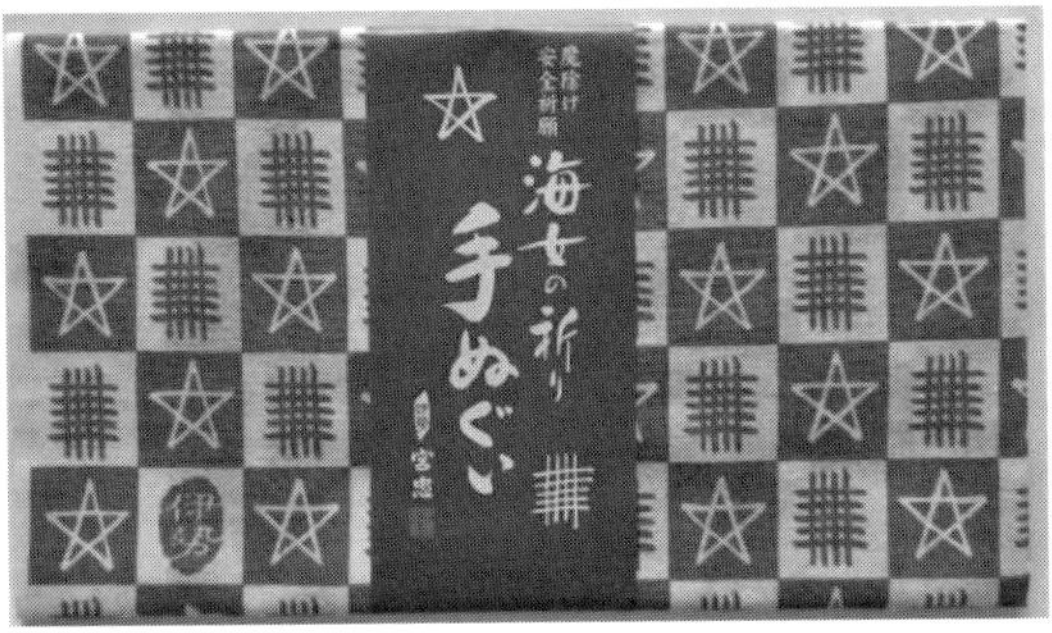

伊勢・海女の手ぬぐい

また、第二次大戦の終戦まで、日本陸軍の軍帽の頭頂部には、大きく五芒星が縫い込まれていた。身命守護。弾避けのしるし、つまり「護符」である。他にも、陸軍徽章や肩章、軍帽の正面に付けていたマークも五芒星であった。

▼方忌《かたい》み・方違《かたたが》え

「方忌み」とは凶方を避けること。

「方違え」とはその凶方を克服するための技法である。

前項の「式神」でも示したが、陰陽道には各方位をつかさどる星神がいて、その大半を凶神が占めている。つまり、その方位方角は「忌むべき方」ということである。たとえば最も代表的な凶星神は金神《こんじん》である。その位置する方位を犯せば、七人の死者が出るという凶方位の星神だ。忌むべき神。こうした凶方位において、とくに絶対禁止のものは、移転、家屋の修築、嫁取り、井戸掘りなどがある。

しかし、凶方位だからといって、すべての行事を中止する訳にも行かないだろう。その時に、それを回避する方法がある。それが「方違え」だ。「方違え」は方忌みの方角へ行かなければならない時に、直接そこへ向かうのではなく、いったん他所へ移動し、また滞在して、目的地が凶方とも凶時ともならないようにして、それからおもむろにそちらへ向かうことである。ちなみに、方違えは短い時間を塞ぐ凶方の場合なら、長くて数日程度、数年を塞ぐ凶方には四十五日間とする。

▼反閇《へんぱい》・身固《みがため》

反閇とは、陰陽道独特の呪術技法で、道教の禹歩《うほ》という歩行術に起源するが、古神道の歩行術が採り入れられ、独自のものになっている。

邪気を祓い除くために呪文を唱え、地を踏み、千鳥足のように歩む呪法。三足法、五足法、九足法など多様なバリエーションがある。ただし、反閇は「祓い」の機能が主体だが、禹歩にその機能はない。晴明はたびたびおこなったと記録にある。天皇・貴族・将軍などの外出にあたってもしばしばおこなわれ、これは「身固《みがため》」の一種でもある。

天皇の身固は、その御衣を陰陽師が預かり、これに加持をおこなう。安倍晴明が少将某に身固をおこなった逸話が『宇治拾遺物語』にある。晴明はその人物を抱くようにして呪文を唱えたという。しかしこれらは正しくは「撫物《なでもの》」である。人形を撫でて邪気を移し、陰陽師がそれを川に流すことによって祓い除くものだ。本来、身固は反閇をともなうが、略式で「撫物」によって替えることもあった。

鎌倉幕府では、将軍の身固・反閇を、九人の陰陽師が奉仕したという記録がある。陰陽道祭祀において、鎌倉は朝廷を凌駕する存在になっていたということであろう。

なお、能や神楽、歌舞伎の所作、また相撲の四股も反閇である。たとえば「四神」という神楽舞いは、「踏」という所作においてまさに北斗七星の形を踏む。この所作によって、安穏や豊穣を祈念している。

▼符呪《ふしゅ》・霊符《れいふ》

「符呪」とは、「呪文を書きつけた霊符」のこと。お札やお守りの原形と考えられる。陰陽道で常用する呪文に「急急如律令《きゅうきゅうにょりつりょう》」というのがあるが、これを書いた符は、物事の成就を早める符呪。「急《きゅう》急如律令《きゅうにょりつりょう》」は、陰陽道の呪文の中でも特別な位置付けにあって、いわば「決めぜりふ」である。

符呪は初期には漢字と組み合わせて用いることが多かったが、密教や修験道と融合すると梵字を加えたものや、神仏の名を記したもの、絵を加えたもの、九字や五芒星を加えたものなど多種多様な符呪が生み出された。その中でも、最も強力な符呪が「太上神仙鎮宅霊符《たいじょうしんせんちんたくれいふ》」である。この手の札としては、かなり大きいものなので、写真では細部は確認しづらいかもしれない。これは「符呪・霊符の集大成」である。つまり様々な目的のために、それぞれの字や絵の取り合わせがある訳だが、その多種多様の符呪・霊符をすべて一堂に集めて総合符として一枚にしたものである。こういった手法は他のいかなる呪術・信仰にも存在しないもので、陰陽道というものの柔軟さを象徴していると言えるだろう。

　天曹地府祭が、道教・密教・神道などの渾然一体となった特異な祭祀として創り上げられたのは、現代の日本人の宗教生活の様相と共通している。仏壇の上に神棚を置き、十字架のペンダントをなんの抵抗もなく身に着ける。これは、日本人の体質である。

▼式占《ちょくせん》

「式占」とは「式盤《ちょくばん》」を用いる占法のこと。前漢の時代に生まれたもので、日本に伝来したのは「六《りく》壬《じん》式占」といい、「太乙（太一）式占」「遁甲式占」とで三式と呼ばれたものの一つである。日本では多くの改良が加えられて、独自の発展を遂げた。「六壬」とは、天地の真理を表す。天一は水を生じ、天五は土を生じることから、一と五を合わせて「六」。「壬」は、土の上に流水を象っていることから、万物の根源を表す。

　しかし日本の陰陽寮でおこなわれていた占法は、六朝や唐の方式と異なっている。やはり改良が加えられて、独自の体系として再構築されたのだと理解すべきだろう。そしてその教本が晴明の手になる『占事略決』である。伝来からおおよそ百年後のことだ。

　なお式占に使われる道具が式盤である。原理は、天円地方を象徴的に造形化したもので、天文・地理・方位などを組み合わせることによって占う仕組みになっている。地理風水で使われる羅盤もこれが起源になっている。式盤も、羅盤も、それ自体を呪具とくに祓具としても用いる。

▼鬼門封じ

東北の方位（艮）を鬼門、反対側の西南方位を裏鬼門として、陰陽師の最も重要な使命の一つは、

太上神仙鎮宅霊符（筆者蔵）　大きさは約五〇×三〇センチメートル

羅盤（著者蔵）

この鬼門から凶の気が入り込まないよう対処すること、すなわち「鬼門封じ」であった。たとえば宮都の鬼門封じともなると、その技法も重大である。平安京全体の鬼門封じは、東北方位にまず上下両賀茂社によって封じ、さらにその先に延暦寺を置いた。

しかし実はもっと親近にも鬼門封じは施されている。元の内裏の東北方位には晴明の邸宅が置かれた。これは、優れた陰陽師は、その存在自体が祓具である、という思想である。

なお後世、内裏は移動して、現在の京都御所となるが、ここにも鬼門封じが施されている。「猿が辻」と呼ばれるもので、御所の長い囲い塀の東北の角のみが一間ほど凹んで造られている。この手法を陰陽道では「欠け」と称して、建築物の鬼門封じ・鬼門除けの典型としている。

ちなみに、十二方位で、東北の方位が「丑寅《うしとら》」になるところから、牛の角と虎の褌をした姿を鬼と考え、ヤマトの東北方位が蝦夷であったところから、蝦夷征伐は鬼退治とも考えられた。また、都が平安京に遷ってからは、東北方位の比叡山から鬼は現れるという信仰が生まれた。

▼物忌《ものいみ》・祓《はらえ》

凶兆凶事の際に、禁忌を守って、一定の期間身を慎むことを「物忌《ものいみ》」という。もともとは神道の斎戒から来ている。

神祇令には「弔問、病気見舞、肉食、刑罰、音楽、触穢《しょくえ》」を禁ずるとある。平安貴族たちは門戸を閉ざして家に籠もり、簾に物忌と記した札を下げた。その間は、なにがあっても大声を出さないこと、また家人以外の誰にも面会しないこと、など数々の禁忌があった。しかし物忌は、いわば「消極的な祓」である。凶運が通り過ぎていくのを、ひたすらじっと蹲《うずくま》ってやり過ごす方法である。

これに対して、能動的に凶兆を排除する方法がある。それが「祓」であって、明治政府によってその役割を神道へ移管されるまで、千年以上の間、陰陽道の主要な役目であった。陰陽道の祓は頻繁で、一ノ祓、八ノ祓、望月ノ祓、晦ノ祓などが日々おこなわれ、凶兆凶事に対してきわめてナイーブであった。なかでも、六月晦日におこなわれる「名越《なごし》の祓え」は、とりわけ重要な陰陽道祭祀であった。

なお、祓に際して、陰陽師は象徴的な〝呪具〟を用いた。おもに人間の形に切り抜いた紙人形、つまり人形《ひとかた》を用いるが、これを「撫物《なでもの》」という。撫でて穢れを人形に移し、それを「お焚《た》き上げ」と称して燃やしたり、「形代流し《かたしろながし》」と称して河川に流したりして祓うものである。雛祭りの人形も、元来はこの人形で、その風習が「流し雛」として一部にまだ残っている。きわめて日本的な言い回しである「水に流す」は、この風習に由来する。

ちなみに、「呪いの藁人形」という俗習も、この人形《ひとかた》から発想されたものと思われる。江戸時代に入ってから、陰陽道が野放し状態となったため、全国に無数の民間陰陽師や宿曜師《すくようじ》が跋扈した。おそらくは彼らの創作ではないかと私は考えている。

▼祓呪《はらえしゅ》

陰陽道の最大の役割は物忌みと祓いであるが、とりわけ重要な祭祀が、毎年六月晦日におこなわれる名越の祓え（夏越の祓え）である。陰陽道催事の茅の輪くぐりは、いまや多くの神社でもおこなわれ、神道祭祀と一体となって受け継がれている。別名「菅抜けの祓い」ともいって、茅の輪を潜ることで邪気を祓い、疫病から身を守るものだ。大祓詞《おおはらえことば》は、晦日になによりも先だって奏上されるもので、究極の「祓呪《はらえしゅ》」である。

（＊「陰陽道」についての詳細は拙著『陰陽道とはなにか』をご参照ください。）


日本の呪術が「呪い」と「祓い」に特化した最大の理由は、天災や地災、人災の原因をすべて「殺害された高貴な人物の祟り」に求めたことによる。平将門や崇徳天皇、菅原道真などが怨霊神となって結実した。その許しを請うために、鎮魂の神社を次々に創建したことがそれを証明している。そして、呪いによる祟りがあるならば、呪えば祟ることができるという論理に陥った。以後これが日本人の国民気質にまでなってしまった。

ヤマトタケルの呪術

以上が、古代から中世にかけて日本人の中に浸透拡散した主な呪術であるが、さてそれでは、肝心のヤマトタケルはどのような呪術をおこなっていたのか。

巻末の『古事記』『日本書紀』ヤマトタケルの段を概観するとわかることであるが、最初の出陣である熊襲《くまそ》征討に際しては、彼は呪術は用いていない（『古事記』）。もっぱら騙し討ちによる武力討伐である。

ところが十年後、あらためて東征に出陣してより後は、死に至るまで、ほとんど武力行使はなく、もっぱら呪術によっている。相模に入ってから、伊吹山で神罰に遭うまで、ほぼ全編、呪術の全展開《オン・パレード》と言っても言い過ぎではないだろう。そしてこれこそがヤマトタケルの真の姿である。なお、記・紀に記されているのは、あくまでもヲウスのヤマトタケルが担当した部分のみである。他の者が担当したヤマトタケルについては、各地の伝承にはあるものの、記・紀には一切記されていない。

まずは『古事記』で経過を辿ってみよう（＊傍線部分は呪術と考えられるところ）。

▼尾張から相模に向かったヤマトタケルは、
山河の荒ぶる神、またまつろわぬ者どもを言霊により平定した（言向け和平しき）。

▼相模の焼津では国造による焼き討ちに遭遇するが、ここでは呪術は用いず、倭姫から授けられ

ていた火打石で難をかわす。

▼相模・走水《はしりみず》では、后の弟橘比売《おとたちばなひめ》が身代わり入水して海神の怒りを鎮めるという呪術が用いられている。

▼東国では、荒ぶる蝦夷《えみし》どもをことごとく言向け（言霊《ことだま》によって服従させ）、また、山や河の荒らぶる神たちを平らかに服従させた（武力ではなく呪文呪力によると読み取れる）。

▼足柄・坂本では、御粮《みかれい》（乾飯《かれいい》）を食していたところに、その坂の神が白鹿に化身して出現した。そこで即座に命は、食べ残した野蒜《のびる》の片端を持って、待ち構えて打ち込んだところ、その目に当てて打ち殺した（野蒜の呪力を使った神殺し）。

▼甲斐・酒折《さかおり》では、歌を詠んだ（和歌は、神を言祝《ことほ》ぐ呪文）。

▼信濃・尾張では、その地の神を従えた後（言向けて）、尾張国へ戻って美夜受比売と結婚したのだが、御刀の草薙剣を美夜受比売のもとに置いて、伊吹山の神を討ち取りに出かけた。

▼伊吹山で命は、「この山の神は素手で討ち取ろう」と言って山に登り、白い猪と出会った。命は、あえて言挙げして（神に対して言挙げするのは禁忌）、「この白い猪に化身しているのはその神の

使者であろう。今殺さずに、伊吹山の神を討ち取ってから帰りに殺そう」と。山の神は大雨を降らせて、倭建命を幻惑し罹患させた（言挙げしたことによる神罰）。

▼能褒野《のぼの》に至った時に、国偲び歌を詠み、病が急変し危篤となった。

「嬢子《をとめ》の　床のべに　わが置きし　剣《つるぎ》の大刀《たち》　その大刀はや」

（美夜受比売の床のあたりに置いてきた草薙の刀剣　ああその大刀はどうしているだろう）（自分の守護剣である草薙剣を置いてきたことへの悔恨と懺悔）

歌い終わるやいなや、命は崩御した。

倭建命は大きな白い千鳥に化身して、天空高く飛んで、浜に向かって飛んで行った。そこからさらに天に舞いあがって何処かへ飛んで行った。

いかがであろう。簡単に要約抜粋したが、他の部分にも「武力」行使はほとんど見られない。「人間」を対象としているのは二箇所のみ。

まつろわぬ者どもを言霊で平定し、荒ぶる蝦夷どもをことごとく言向けた、という。

いっぽう「神」を対象としているのは五箇所である。

山河の荒ぶる神を平定し、海神の怒りを鎮め、山や河の荒ぶる神たちを平服させ、野蒜で白鹿に化身した神を討ち殺し、尾張ではその地の神を従えた、という。

これが『古事記』が記すヤマトタケル東征の〝戦果〟である。

主に「言霊」「呪力」によって神々を平定している。この言霊が何を示すのか、解明されたことはこれまでないが、神を鎮めるという霊威をともなうということであれば、祝詞《のりと》か呪文のたぐいと考えるのが妥当であろう。ただし、それほどに威力霊力のある祝詞や呪文がどのようなものであったのか、どこにもその手掛かりはない。

そして後半は、草薙剣（守り刀）を置いてきたことにより、伊吹山の神に神罰を当てられ、ついには死んでしまうというものだ。草薙剣にはヤマトタケルの命を守る霊力が込められていたということであろう。せっかく倭姫が援護してくれたのに、手放したのが運の尽きというわけである。

それでは『日本書紀』でも経過を見てみよう。こちらは実は、熊襲征伐の直後に、すでに呪術を用いている。

▼熊襲の一族郎党ひとり残さず斬殺し、完全に平定した後、海路で大和に戻る途中、吉備に着き穴海を渡った。そこに悪神がいたのでこれを殺した。また難波に至った時にも、柏済《かしわのわたり》の悪神を殺した。帰還してから朝廷に次のように報告している。「吉備の穴渡の神、および難波の柏渡の神は悪心にて毒気を放ち、路ゆく人々を苦しめ、禍害の温床でありました。ゆえに、その悪神をことごとく誅殺し」たと。

▼それから十年後、朝廷にて、ヤマトタケルは東征に志願した。天皇は斧《おの》と鉞《まさかり》（斧鉞《ふえつ》）を日本武尊に授けて言った。
「形は我が子ではあるが、実は神の子なのだ。／皇統を繫げせしめ、宗廟を廃絶させないためなのだ。天下はお前の天下であり、この位はお前の位である。／威光を示し徳をもって懐柔し、武

力を使うことなく従わせるように。まずは言葉によって暴神を調伏し、無理となれば武力を奮って姦鬼を討ち払え」

▼ヤマトタケルは伊勢の神宮に参拝し、倭姫命に挨拶をした。

倭姫命は草薙剣（＊本来は天叢雲剣）を取り日本武尊に授けて言った。

「慎重に。油断せぬよう」

▼駿河に至ると、その地の賊が従うように見せかけて欺いた。

日本武尊はその言を信じて、野に入り獣を探した。賊は日本武尊を殺害しようと、野に火を放って焼いた。王は騙されたことを知り、燧《ひうちいし》で火を起こし、迎え火で逃れることができた。

ある伝承では、王が持っていた叢雲剣がひとりでに抜け、王の周りの草を薙ぎ払ったので、難を逃れることができたとされる。そこで、その剣を名付けて草薙という。

▼相模・馳水《はしりみず》において、突然暴風が起こり、王の船は渡ることが出来ずに波にのまれて漂った。

この時、妾《きさき》・弟橘媛《おとたちばなひめ》が身代わり入水して海神を鎮めた。

▼陸奥国《みちのくのくに》へ入ったヤマトタケルは、王船に大きな鏡を掲げて、海路で葦浦《あしのうら》に回り、玉浦《たまのうら》を横に過ぎて、蝦夷《えみし》の国境に着いた。蝦夷の賊首である嶋津神《しまつかみ》と国津神《くにつかみ》らは、竹水門《たかのみなと》で防衛しようとしたが、遥かに王の船を見て、その威勢に恐れをなし、勝ち目なしとして、悉く《ことごと》弓矢を捨てて、望んで拝礼して言った。「お姿を仰ぎ見るに、およそ人に秀でておられる。もしや神であられようか。

姓名をお聞かせいただきたい」

王は応えて言った。「私は現人神《あらひとがみ》の子である」

すると蝦夷等はことごとく恐れ慄き、即座に衣服の裾をたくしあげて波を被い、王船の着岸をすすんで手伝った。

▼甲斐・酒折宮《さかをりのみや》では歌を詠んだ。

▼信濃に進入したヤマトタケル一行は、山中で食事を取った。その時、山の神が王を苦しめようとして、白鹿に化身して王の前に立った。王は、一箇の蒜《ひる》（にんにく）で白鹿を弾いたところ、眼に当たって鹿は死んだ。すると突然、王は道に迷い、出口が判らなくなってしまった。その時、白い犬がやってきて、王を導くような動きをしたので、その犬についていくと、美濃に出ることが出来た。
これまで信濃坂を越える者は、神の邪気に当たり、病み臥せる者が多かった。しかし、白鹿討伐以降は、この山を越える者は、体や牛馬に嚙み砕いた蒜を塗ることで、神の邪気に当たることもなくなった。

▼尾張〜伊吹山。ヤマトタケルは尾張に戻り、宮簀《みやづ》媛《ひめ》を娶って、月を越えて久しく滞在した。その時に、近江の五十葺山《いぶきやま》（伊吹山）に荒ぶる神がいると聞いて、剣をはずして宮簀媛の家に置き、佩刀せずに行った。膽吹山《いぶきやま》に着くと、山の神が大蛇《おろち》に化身して道を塞いだ。日本武尊は、主神《かむざね》が蛇に化けていることを知らずに、大蛇を跨いで進んでいった。すると山神は、雲を起こして雹《ひょう》を

降らせたので、峰は霧深く谷は暗く、行く道がわからなくなり、進退定まらず、越える山も渡る川もわからなくなってしまった。それでも霧を押し分けて強行し、ようやく出口を見つけることが出来たが、酒に酔ったように正気を失っていた。

▼能褒野《のぼの》〜倭国《やまとのくに》〜昇天。ヤマトタケルは、能褒野に着く頃には、病がかなり重くなっており、この地で亡くなった。時に三十歳であった。

天皇は、群卿に詔《みことのり》し百官に命じて、伊勢国の能褒《のぼ》野陵《ののみささぎ》に埋葬した。

ところがその時、ヤマトタケルは白鳥に化身し、天上へと高く翔け上り、ただ衣服と冠だけが葬られた。

『日本書紀』に録された〝戦果〟も確認してみよう。

「人間」を対象としたのは三箇所のみである。

熊襲の一族郎党を一人残らず斬殺し、駿河で火攻めをした一族を焼き殺し、陸奥国の蝦夷を平伏させた、という。

いっぽう「神」を対象としたのは六箇所である。

穴海の悪神を殺し、柏済《かしわのわたり》の悪神を殺し、走水で海神を鎮め、蝦夷の嶋津《しまつ》神《かみ》と国津《くにつ》神《かみ》を平伏させ、野蒜で白鹿に化身した神を討ち殺した、という。

『古事記』には、人間との戦いは二箇所、神とは五箇所。

『日本書紀』には、人間とは三箇所、神とは六箇所。

この記録をもって、「通常の戦闘」と思う人はいないだろう。その通り。ヤマトタケルは、武人や軍人がおこなうような「通常の戦闘」は、一部しかおこなっていないのだ。

ヤマトタケルは、一部に武力行使を交えながら、基本的には教化活動をおこなった。これは後に、カトリック教会が世界中でおこなったことと同様の手法である。この方法でカトリック教会は新世界を次々に征服し、その地の民族の聖地の真上にカトリック教会を建設して行った。これと同様の方法をヤマト朝廷は千数百年以上前に実行し、日本全土を征服していったのだ。その尖兵となったのがヤマトタケルである。

そして記・紀ともに、最後は「神罰」によって死去する。武力によってではない。

『日本書紀』の記述は『古事記』と比べて呪術性がより明確かつ具体的に記述されている。とりわけヤマトタケルの呪術力が、こちらではすでに熊襲征伐の時、つまり十六歳の時点で発揮されていたというものである。帰りがけに「悪神をことごとく誅殺」したと述べているが、「神殺し」は武力で成し遂げられるものではない。ヤマトタケルがいかなる方法によってこれをおこなったのかは書かれていないが、武力以外の何事かによって「神殺し」を完遂したと記されている。これは、よほど強力な呪力がないと完遂できないと言っているに等しいだろう。つまり、『日本書紀』は「ヤマトタケルは呪術の王」であると記述しているのである。

そして、「武力より呪力のほうが強力である」というのがヤマト朝廷の思想である。

なお、焼津で火攻めに遭遇した際に、別の伝承の紹介という形であるが「叢雲剣がひとりでに抜け、王の周りの草を薙ぎ払ったので、難を逃れることができたと記している。そこで、その剣を名付けて草薙という」と。草薙剣に特別な力があって、それがヤマトタケルを危難から救ったと記している。

しかも、このことによって号を草薙剣と改めたというもので、理に適っている。ちなみに『古事記』には草薙剣と改名された理由が書かれていない。

さらに『日本書紀』には究極の呪術が記されている。ヤマトタケルが陸奥国へ入る際に、船首に「大きな鏡」を掲げた。これこそは、「八咫鏡」であろう（もしくは形代《かたしろ》）。すなわち、天照大御神の威光を顕すものである（『古事記』には記されていないものであるが、『日本書紀』はヤマトタケルに神器を二つまでも預けたことにしている）。

古代人にとって最も恐るべきものは太陽と月である。人智を超越するものであり、これこそがカミである。

ヤマトタケルは船の舳先に巨大な鏡を据えて海を渡った。蝦夷の首領たちはこれを見て畏れをなして無条件で平伏した。ヤマトタケル一行は太陽と一体であり、すなわちカミであると認識したからである。

そして問われたヤマトタケルは、「私は現人神《あらひとがみ》の子である」と答えた。これこそは、わが国独自の究極の呪術である。

古代道教の本家本元であるシナにおいては、人はどこまで行っても人であって、たとえ天子にまで上り詰めても最後は誰もがそうなるように死んで屍骨となる。どこまで極めても人は人、神にはならないとする。

ところがわが国では、究極の存在は生きながらにして神となる。これを「現人神」という。現人神の本来の意味は、人の姿となって現れる神であり、特に霊威の高い神であるとされる。

天皇を現人神とする思想が顕在化してくるのは天武天皇が天皇号を定めて以来とされるが、すでにヤマトタケルの言葉としても意味としてもここに見られる。景行天皇／ヤマトタケルの時代にどこまで認識されていたのかは不明であるが、記・紀の立案に深く関わったとされる天武天皇が、この思想をヤマトタケルに託したとも考えられる（『日本書紀』は天皇一代につき各一巻を記しているが、天武天皇のみは二巻を費やしてより詳細に記している）。

そして「現人神」の思想は、以後千年以上にわたって日本および日本人を呪縛することとなる（昭和二十年に昭和天皇みずから、いわゆる「人間宣言」をおこなった）。


ところで、ここに引用した東征への出陣は、熊襲征伐から帰還して十年後のことである。この十年間、ヤマトタケルの消息は不明である。十代後半と二十代前半のこの時期は、いわば最盛期であって、皇子（皇太子）としての様々な記録があって当然のはずである。空白前の熊襲討伐と、空白後の東征があまりにも濃密な記録であるために、いっそう目立つのだが、この間の「空白の十年」に何があったのか。新たに呪術を習得するための期間なのか、あるいはより鍛錬を積むための期間だったのか。いいいいいいいいいいいいいいいいいいいい、わずか三十年の人生において、最盛期の記録のない十年はあまりに長い。

確実なのは記・紀の両書に記録があるように、東征は、倭姫命（倭比売命）に出征報告の挨拶をおこなうところから始まる。この選択は象徴的である。なにしろ大和の朝廷から東へ向かうのに伊勢を通る必要はなく、実際にかなりの遠回りになる。それでも、まず第一に伊勢を選んだのは、祖神アマテラスの神威加護への祈願もあるとは思われるが、少なくとも『古事記』でのヤマトタケルからは別の理由が見えてくる。

『古事記』の伊勢における姨《おば》との面会のくだりを見てみよう。

命は東国への途次、伊勢神宮に参拝し、その斎宮《さいくう》であった姨の倭比売命《やまとひめのみこと》にこう言った。

「天皇《おおきみ》が、私のことを死ねと思うのは、なにゆえなのでしょう。西の方の悪人どもを討ちに（私を）遣わして、（都に）帰参してから、まださほどの時もたたないのに、軍勢も与えないで、今、更に東の方の十二か国の悪人どもを平定しに（私を）派遣します。これでは、私など早く死んでしまえと（天皇が）思われているとしか考えられません。」

命は泣きながら嘆いた。倭比売命はそんな命に草薙剣《くさなぎのつるぎ》を授け、また御嚢《みふくろ》を与えて、こう言った。

「もし緊急の事態に遭遇したならば、この嚢の口を開けなさい」と。

（＊巻末『古事記』訳文より）

日本武尊に草薙剣を授ける倭姫命（大正時代のポストカード）

東征に向かう前にヤマトタケルは、わざわざ遠回りして伊勢に立ち寄るが、その時の全文である。なお『日本書紀』には特にこのやり取りはない。この段の前の朝廷においても、この段の後の相模においても、命はけっこう毅然としているのであるが、伊勢の倭比売の前でだけは弱気な面を隠しもしない。

これは、さながら母か姉にでもするように「甘え」ているのだ。「慰め」や「いたわり」を求めていると言ってもよい。この面会の前に、はたしていつ頃面会しているのか不明であるが、特別に親しい間柄であるのはこのやり取りを見てもはっきりしている。なにしろ記・紀を通して、ヤマトタケルが弱点をさらけ出す唯一の場面である。

しかも倭姫は、それに応えて、なんと草薙剣をすかさず授けてしまう。

このくだりを初めて読んだ時、私は啞然とした。

アマテラス神が伊勢に鎮座するまでのストーリーは決して簡単なものではない。もともと皇居宮殿に祀られていたのだが、祟りを為して国民の半数を失うほどの甚大な災害をもたらし、その結果、鏡と剣と曲玉は宮の外に祀られることとなったものである。

それこそが、八咫鏡と草薙剣と八坂瓊曲玉である。

草薙剣は、伊勢にある段階ではまだその名は天叢雲剣であって、その後ヤマトタケルを危難から救ったことによって草薙剣となる。スサノヲがアマテラスに献上した宝剣である。

その剣を、ヤマトタケルが泣いたくらいで授けてしまってよいのだろうか。しかも倭姫の一存で。

ヤマトタケルが用いた呪物がいくつか記・紀に挙げられているが、なかでも呪物とはっきりしているのは、倭姫命から与えられたヒレその他であろう。これはかつてスサノヲがオオクニヌシに与えたものであろう。それが巡り巡ってヤマトタケルの手に渡ったのだ。それぞれの呪力についても録されている。

しかし最も強力な呪力を秘めていたであろう「天叢雲剣＝草薙剣」については、いかなる呪力があったのか記されていない。新たに名付けた「草薙剣」から、「草を薙ぐ」ことでヤマトタケルが窮地を脱したということになっているが、「草を薙ぐ」のは別に剣でなくとも容易に可能なことであって、はっきりいえばそれなら「鎌」でじゅうぶんである。いやむしろ「草刈り鎌」のほうがはるかに能率的であるだろう。

それではいったい、この最大の呪物である「草薙剣」とは何なのか、次章で詳細を明らかにしよう。

「三種《さんしゅ》の神器《じんぎ》」の意味について

ヤマトタケルの佩刀《はいとう》であった草薙剣《くさなぎのつるぎ》は、あらためて言うまでもないが「三種の神器」の一つである。天皇に即位（践祚《せんそ》）する際に必ず継承する、天皇たる証である。これは、天武天皇が定めて以来、現在に至るまで変わらない。今上陛下《きんじょうへいか》（現在の天皇陛下）も、継承することで践祚（皇位を受け継ぐこと）している。

ちなみに皇統の長い歴史の中には三種のすべて、あるいは一部を継承できなかったために「半帝」と呼ばれた天皇もあった。すなわち「資格が半ばにとどまる帝」の意である。それほどに三種の神器は重要視されてきたという歴史がある。天皇と三種の神器は一体である。

三種はいずれも神の依り代とされており、
八咫鏡《やたのかがみ》……天照大御神《あまてらすおおみかみ》
八坂瓊曲玉《やさかにのまがたま》……月読命《つくよみのみこと》

草薙剣《くさなぎのつるぎ》……須佐之男命《すさのおのみこと》

というように「三貴子《さんきし》（みはしらのうずのみこ）」になぞらえて象徴的にとらえられてきた。

しかし実際には草薙剣はヤマトタケルの佩刀である。

スサノヲがヤマタノオロチから取り出してアマテラスに献上したものとされるので、元々は出雲地方の豪族の頭領の佩刀であったものが、高天原・ヤマト朝廷・伊勢の皇大神宮を経て、ヤマトタケルにもたらされたものということになる。

とすれば、倭比売がヤマトタケルに授けた時には天叢雲剣《あめのむらくものつるぎ》であって、それがヤマトタケルの危地を救うことによって草薙剣となるわけであるから、現在にまで継承されている草薙剣が体現するのは、スサノヲではなく、ヤマトタケルでなければならないだろう。

なお、「三種の神器」の意味・意義について最初にふれておこう。

平成二十五（二〇一三）年の第六二回式年遷宮の後に、天皇皇后両陛下は外宮・内宮にご参拝された。その際に、剣璽御動座《けんじごどうざ》がおこなわれた。剣璽とは草薙剣と八坂瓊曲玉のことで、天皇が行幸する際に侍従がこの二種を携えて随行することをいう。実際におこなわれるのは珍しく、実に二十年ぶりのことであった。八咫鏡は伊勢の皇大神宮（＝内宮）に鎮座されているので、この際の行幸は、「祖先神」へのご挨拶であると同時に、「三種」が同じ場所に打ち揃う稀有な機会である。行幸予定は、あらかじめ発表されており、事前にニュースとなっていた。当日には画像と共に各局が報道することになる。そこで私にも、民放のあるニュース番組から取材依頼があった。あらかじめインタビューをおこない、ニュース放送の時に私のコメント（解説）を放送するというものだ。しかし私は辞退した。それまで何度かテレビ用のインタビューは経験していたが、そのまま放送されることはないのだと分かっていたからだ。経験上、私の話した意図が伝わるように編集されるとは到底思えないからである。時には、私の発言の一部分を切り取って放送につなげたために、私の発言の主旨とはまったく異なる意味になっていたことさえあったからだ。今回の依頼は、「三種の神器の意味」、がテーマであった。テーマがテーマだけに「私のコメントはきっと放送されない」と確信した。

実際の放送を見たところ、先輩の某先生が、三種は「智・仁・勇」をシンボライズしている、と解説しておられた。それも間違いではない。しかしそれは中世以降に輸入された儒教の「三徳」の概念を後付けで当てはめたものである。江戸時代の儒学者・林羅山が唱えた説であり、儒学で神道を包摂しようという徳川幕府の政策によるものだ。

本来は、信仰と経済と軍事である。――私ならそう述べる。

しかしながら、このコメントではテレビ局は放送できないだろう。天皇が、神道信仰の主宰者であり、経済財政の責任者であり、軍事三軍の統率者であることを象徴的にあらわしているのが三種の神器であるということになるからだ。

宗教も、政治も、天皇が関わると言ってはならず、とくに軍事は、戦前の軍国主義を彷彿させるため、テレビ局がそのまま放送することはあり得ない。つまり、本来の意味はいまやタブーなのだ。智仁勇のような観念的にとらえた説のほうが無難というものだ。

しかし真実はそうではない。

ここにあらためて三種の神器の意味を述べておこう。

「八坂瓊曲玉《やさかにのまがたま》、八咫鏡《やたのかがみ》、草薙剣《くさなぎのつるぎ》」が体現しているのは、

「まつり、みのり、まもり」

である。

まつりは、祭祀であり信仰である。

みのりは、収穫であり経済である。

まもりは、防衛であり軍事である。

三種の神器はそれぞれにこれらを象徴するものであって、それを受け継ぐ天皇は、当然ながらこれらすべてを統帥するとの意味である。これが、本来の意味である。

なお現在、八坂瓊曲玉は宮中に鎮座しており、八咫鏡は伊勢の皇大神宮《こうたいじんぐう》（内宮《ないくう》）に鎮座しており（分身が宮中に鎮座）、草薙剣は熱田神宮《あつたじんぐう》に鎮座している（分身が宮中に鎮座）。

▼熱田神宮（通称・熱田さん）愛知県名古屋市熱田区神宮
【祭神】熱田大神《あつたのおおかみ》（配祀）天照大神　素盞嗚尊　日本武尊　宮簀媛命　建稲種命

「祭神の熱田の大神とは、三種の神器の一つである草薙神剣を御霊代《みたましろ》として、よせられる天照大神のことであります。天照大神は、言うまでもなく皇室の御祖神として至高至貴の神と仰がれ、人々にいつくしみの徳をあたえられた神であります。また、相殿神は『五神《ごじん》さま』と呼ばれ、草薙神剣とゆかりの深い神々で、宮簀媛命、建稲種命は尾張氏の遠祖として、仰がれた神々でもあります。」（「由来」より）

ヤマトタケルは伊吹山に向かう際に、「伊吹の神退治に剣は不要。素手で対応する」として、神剣を宮簀媛に預けて出発した。しかし結果的に、これが彼の死をもたらすこととなる。神剣の守護のないままに伊吹の神と対峙して、神罰を受け、そのまま最後を迎えることとなる。

ちなみにここの社殿は古来、尾張造りという独自の様式であったが、明治二十六年に神明造りに改められた。

明治五年の熱田神宮（横山松三郎撮影）

大正から昭和初期の熱田神宮

ところで熱田神宮に御神体として奉戴される神器・草薙剣には、〝実見〟記録がいくつかある。そのうちの代表的なものが「玉籤集《ぎょくせんしゅう》　裏書き」というものだ。

『玉籤集』は、垂加神道の教本。編著者は梅宮《うめのみや》大社神職の玉木正英（一六七一〜一七三六）。一七二七年成立。「裏書」の存在は、『神器考証』（明治三十一年刊）で栗田寛が紹介して世に知られることとなった。

以下に紹介しよう。

「この御劒の制作寸尺などは、是《これ》まで世人の云《いえ》るものも、書記《かきしる》しつるものも無《なか》りしを、吉田家に蔵《おさめ》る玉籤集と云ふ書の裏書に、（この裏書をかける年月　詳《つまびら》かならず、）

八十年許《ばかり》前、熱田大宮司社家四五人と志を合せ、密々に御神體《ごしんたい》を窺《うかがい》奉る、土用殿に御劒御鎮座、渡殿は劒宮にも同様なる御璽の箱在坐《まします》也、御璽の箱、御戸口の方に副て、在坐《ましまし》けると也、扨《さて》内陣に入るに、雲霧立塞《たちふさが》りて、物の文《あや》も不見《みえず》、故各扇にて雲霧を拂《はら》ひ出し、隠し火にて窺奉《うかがいたてまつ》るに、御璽は長五尺許《ばかり》の木の御箱也、其内に石の御箱あり、箱と箱との間を赤土にて能《よく》つめたり、石の御箱の内に、樟木《くすのき》の丸木を、箱の如く、内をくりて、内に黄金を延敷《のべしき》、其上に御神體御鎮座《ごしんたいごちんざ》也、石の御箱と、樟木の箱との間も赤土にてつめたり、御箱毎《ごと》に錠《じよう》あり、皆一鎰《かぎ》にて開《ひらく》、開様《ひらきよう》は大宮司の秘傳と云ふ、御神體は長さ二尺七八寸許り、刃先は菖蒲の葉なりにして、中程はムクリと厚みあり、本の方六寸許りは、節立て魚等の脊骨の如し、色は全體白しと云ふ、大宮司窺奉る事、神慮に不叶《かなわざる》にや、不慮のことにて、流罪せらる、其餘も重病悪病にて亡び、其内一人幸いに免れて此の事を相傳せり、云云、右の傳松岡正直より予に傳ふる所也、

とあるは、いと珍しければ、此に書加へつ、此《この》正直と云《いう》人は上文に幸いに一人免れたりと云人な

るべければ、此の人の事を正さば、其年暦も知らるべきものぞ、」（『神器考証』より／原文は「近代デジタルライブラリー」収蔵／ふりがなと傍線は筆者）

以下は私の意訳。

「熱田の大宮司は、社家の者数人と語り合って密かに御神体を見た。内陣に入ったところ、雲のような霧が立ちこめていてほとんど見えないので、扇で払い出して、隠し火によって見たところ、長さ約五尺の木箱があった。その中に石の箱があり、箱と箱の間に赤土がつめられており、石の箱の中には樟木の丸木をくりぬいた箱があり、内側に黄金が敷き延べられていて、その上に御神体は鎮座していた。それらの箱ごとに錠が付いていて、開け方は大宮司の秘伝という。

御神体は、長さが二尺七〜八寸（八一〜八四センチメートル）、刃先は菖蒲の葉のような形をしており、中ほどはムクリと厚みがあって、柄のほう六寸（一八センチメートル）は節立っていて魚の背骨のようであった。色は全体的に白いという。大宮司が御神体を見たことは神の意にそぐわなかったのか、思いも掛けないことで流罪となり、その他の者も重い病や悪い病によって死ぬこととなったが、そのうち一人だけ幸いにも死をのがれた者がこの事を伝えたものである。その者、松岡正直より私に伝えられたものだ。」

この証言が正しければ、両刃《もろは》の白銅剣であろう。しかもかなりの長剣である。

草薙剣の「姿」は、現在ではこれが定説のようになっている。異説を唱えるにしても、これがベースになって、せいぜい長さの議論や柄の造作の議論、また目測の正確性の議論がなされている程度である。そういう意味では、この「裏書」はかなり信用されている。

それにしても「玉籤集裏書」は、まるでエジプトの王家の墓の呪い伝説のようで、さながら見ようと思わせないための作為であるかのようだ。見た者は呪われて死ぬぞ、と脅している。しかも、保存状態から剣そのものの姿まで克明に描写して、これで見る必要もないだろう、と示唆しているのだ。なかなか巧妙な文脈であるが、物理的に警備が困難である時に用いる古典的な手法である。

そもそも「見た者は死ぬ」のであるならば、見た上に、なおかつこれを伝えた松岡某こそは真っ先に死ななければならないはずで、肝心の情報をしっかり伝えるまで生きていたのは自家撞着というものだろう。

また、これを書き記した「予」なる某も（『玉籤集』の著者とは別だろう）、見ただけで死んでいった人たちよりもはるかに重罪ということになるのではないか。しかし「予」自身は松岡正直の証言を「いと珍しければ」と記しているところをみると、どうやら必ずしも信じているわけでもなさそうだ。

▼梅宮大社（通称　梅の宮神社）京都府京都市右京区梅津フケノ川町三〇
【祭神】酒解神　酒解子神　大若子神　小若子神　（配祀）嵯峨天皇　仁明天皇　橘清友　橘嘉智子

熱田の実見記録は、他に尾張連家に伝えられるものと、終戦時のものなどあるが、共通するのは「銅剣」らしきことと「取っ手に節がある」こと、ただサイズはまちまちで、最大約八〇センチメートルから、六〇センチメートル、五四センチメートル、短剣などと一致しない。ただいずれも一瞬の目測ないしは推測であるから、あまり厳密に追究してみてもたいした意味はないだろう。

十握剣《とつかのつるぎ》

熱田の御神体がヤマタノオロチの体内から取り出された剣であるならば、そのオロチを退治した「十握剣《とつかのつるぎ》」はどこにどうしているのだろう。

茨城県鹿島市に鎮座する古社・鹿島神宮は中臣鎌足《なかとみのかまたり》を始祖とする藤原氏の氏神であるが、ここに、須佐之男命がオロチ退治に使ったという「十握剣」が展示されている。しかもこちらは誰でも拝観できる。

展示ケースに収まっているそれは、なんと二七一センチメートルもの長さの直刀で、茨城県で唯一の国宝に指定されている。読者の方々にもぜひ一目見ることをお奨めしたい（私は東京国立博物館に貸し出し展示された際に拝見した）。実に瞠目に値する刀剣である。

いうまでもないことなのだが、十握剣は「勝者の剣」であり、草薙剣（天叢雲剣《あめのむらくものつるぎ》）は「敗者の剣」である。もしも剣の神威にあやかろうというならば、祀るべきは「勝者の剣」であって「敗者の剣」ではないだろう。にもかかわらず、敗者の剣が「究極の宝剣」として崇め奉られているというのは、まことに不可思議なことだ。

十握剣に擬せられる剣は他にもあるので、鹿島神宮のものがオリジナルか否かは誰にも分からない。しかし少なくとも、工芸品としても第一級のものであるのは国宝として指定されていることで明らかだ。神剣・神宝等々として遇されるものは、工芸的にも一級品であるのは当然である。

それにしても、十握剣がなにゆえにここ鹿島神宮の神宝となっているのか。ご存知のように、ここは藤原氏の氏神である。十握剣がもしも本物であるならば、論理的には藤原氏がスサノヲ神の子孫ということになる。否、本物でないとしても、これは藤原氏がみずから「われらはスサノヲ神の子孫である」と誇示しているに等しいだろう。

奈良時代このかた、日本の実質的な支配者であるとも言われる藤原氏。わが国で最も栄えた氏族である。その原点は始祖・中臣鎌足が中大兄皇子《なかのおおえのおうじ》に取り入って大化改新で活躍したことに始まる。

天智八年（六六九）に藤原姓を賜り、以後天皇の外戚ともなり、一族で朝廷の上層部を占有し続ける。近衛、九条、一条、冷泉なども藤原から派生した一族である。氏神社として春日大社を造営し、平城京における神道祭祀をも独占した。

始祖・鎌足は常陸鹿島の出自で、鹿島神宮がもともとの氏神であるところから、その神宝の十握剣は、大化改新で鎌足が用いた剣ではないかというまことしやかな説もある。

しかし、鹿島はずいぶん都からは遠い。鎌足は大化改新で突然歴史の表舞台に登場するが、辺境の地・鹿島を中央につなげる糸がまったく見当たらない。それでも想像を逞しくしてこの説に殉じてみるなら、この長剣が蘇我入鹿《そがのいるか》の首を刎ねたものなのだということになる。そして鎌足が、氏神にその報告とともに奉納したかもしれない。もしそうならヤマタノオロチは蘇我入鹿、または蘇我氏ということになる。鎌足をスサノヲに擬《なぞら》えたのは、その子・不比等の企みであろうか。

▼鹿島神宮　茨城県鹿島市宮中

【祭神】武甕槌神

鹿島神宮の〈剣〉が十握剣かどうかはともかくとしても、神剣・宝剣として決して無関係ではないだろうという証左がある。伊勢神宮の宝物「玉纏御太刀《たままきのおんたち》」である。

「式年遷宮というと、一般には建物の造営が中心だと思われるだろう。だが、衣服や調度品といった、神々の御料品《ごりょうひん》の約2500点が、平安時代の『儀式帳』の規定のままに、当代最高の美術工芸家によって、新しく調製・奉納されている。御料品を通して古代の文化と技術を現代に伝えることが、日本の技術伝承にどんな貢献をしたかはあまり知られていないようだ。（略）

中でも特にきらびやかなのは、玉纏御太刀《たままきのおんたち》である。琥珀《こはく》、瑠璃《るり》、瑪瑙《めのう》、水晶など約450丸の玉をはめ込んだこの太刀は、同様のものが奈良県の藤ノ木古墳から出土したことで有名になった。

藤ノ木古墳の築造時期は、6世紀後半といわれる。それと神宮に調進された玉纏御太刀とは約100年しか年代に差がないから、式年遷宮の制度が出来た頃（690年）の、最も華麗な太刀ごしらえであったわけだ。それが1000年以上も作り伝えられて、現在も神宮の神宝だけに、途絶えることなく生き続けているのだから驚きである。」（「1000年の技を伝える　御装束と神宝」矢野憲一より＊原文ママ）

鹿島神宮・木造大鳥居（戦前の古写真）

鹿島の宝剣と玉纏御太刀——この相似形は、偶然ではないだろう。あらためて宝剣の由来を確認してみよう。ここにも地祇《くにつかみ》が深く関わっている。

スサノヲの佩刀・十握剣は「勝者の剣」であり、ヤマタノオロチの体内刀・天叢雲剣は「敗者の剣」である。「敗者」は怨霊神・御霊神《ごりょうしん》となって、畏敬を込めて手篤く祀れば強力な守護神となる。さもなければ、祟る。

それではこの場合の「敗者」とは誰か。これを象徴的に体現する者の佩刀こそが、天叢雲剣ということになる。ヤマタノオロチを「部族連合」の比喩ととらえると、その首長の剣ということになる。連合体の中心地は大和であろう。とすれば首長は当然オオクニヌシであり、天叢雲剣とはオオクニヌシの佩刀である。

オオクニヌシの霊威が出雲へ遷《うつ》されて封印され、その後を引き継いだのは大物主大神《おおものぬしのおおかみ》である。オオモノヌシは、オオクニヌシの佩刀をみずからのものとして引き継いだ。その神剣こそが、天叢雲剣であろう。

大物主大神は、大神神社《おおみわじんじゃ》の祭神として祀られている。

▼大神神社《おおみわじんじゃ》（通称　三輪明神・三輪さん）奈良県桜井市三輪
【祭神】大物主大神　（配祀）大己貴神　少彦名神

『古事記』では、オオクニヌシが三諸山《みもろやま》（三輪山）へオオモノヌシを祀ったとしているが、いずれ大和を去ることになるオオクニヌシが、自らの霊威を引き継がせるために三輪の王としてのお墨付きを与えたものだろう。オオモノヌシは「オオクニヌシの異称」や「オオクニヌシの幸魂奇魂《さきみたまくしみたま》」などとも記されているが、もともと別の神であるため、いずれも継承者であることを示すものだろう。

オオモノヌシには伝説が多い。

神武天皇の皇后は媛蹈鞴《ひめたたら》五十《い》鈴媛《すずひめ》（伊須気余理比売《いすけよりひめ》）であるが、オオモノヌシの女《むすめ》である（コトシロヌシの女《むすめ》とも）。伝説では、オオモノヌシは丹塗りの矢に姿を変えて流れを下り、用足し中の勢夜《せや》陀多良比売《だたらひめ》の女陰《ほと》を突いて懐妊させる。そして生まれたのが神武妃となる。

また、いわゆる「箸墓《はしはか》伝説」では、倭迹迹日百襲姫《やまとととひももそひめ》は夫のオオモノヌシが夜しか姿を見せないので訝ると、小さな蛇の姿を現す。これに驚いて叫んだために、オオモノヌシは恥じて三諸山（三輪山）へ登ってしまう。倭迹迹日百襲姫は悔やんで箸で女陰を突いて死んでしまう。このため埋葬された墓を箸墓と呼んだ。

記・紀の崇神天皇の条には、災厄が多いので占ったところ、オオモノヌシの祟りであって、その子孫である大田田根子《おおたたねこ》に祀らせよとの神託があり、祀らせて鎮まった。これが現在に続く大神神社である。

他にもあるが、伝説の多様さは、それだけ深く多様な関係が存在したということを示唆する。ただ、特に注目すべきは崇神天皇がオオモノヌシの祟りを鎮めるために大神神社として祀らせたというものであろう。この祟り神の依り代こそが天叢雲剣である。大神神社・オオモノヌシは国家の守護神となるが、同時に祟りなす強力な神である。

剣は、武力の象徴であるため、戦いの痕跡があれば、それに由来する剣が必ず存在することになる。そのために、剣を神体あるいは神宝として奉斎する神社は少なくない。しかしこれから間もなく後に、この剣は、崇神天皇の勅命によって、鏡と共に宮居の外に遷されることになる。

草薙剣は何を保証するか

『風土記』は、記・紀・万葉に匹敵する貴重な〝歴史書〟であり記録である。

そしてその貴重な情報の中には思いがけないものもある。

たとえば『播磨国風土記』に宇治天皇と記されるのは、応神天皇の皇子・菟道稚郎子《うじのわかいらつこ》のことだ。他の史書では天皇とはされていないし、もちろん歴代天皇にもカウントされていない。しかし本書には、はっきり〝天皇〟と書かれている。

これと同様の例が『常陸国風土記』にもある。ここに記されているのは「倭武天皇」である。倭武はヤマトタケルと訓む。

ヤマトタケル（日本武尊、倭建命）が天皇になったという記録は存在しないし、歴代天皇にカウントされていないのは言うまでもない。しかし『常陸国風土記』の記述では皇位に就いたとされるのだ。しかも「倭武天皇」には、宇治天皇とは次元の異なる重大な意味がある。

宇治天皇については〝誤認〟で片付けることは可能である。ただ宇治天皇と記されるばかりで、それを補完するような情報・記述がまったくないからだ。

しかし倭武天皇については、実は「裏付け」が存在するのだ。しかもその「裏付け」は、他の歴史書にも明記されているものだ。

ヤマトタケルが東征に向かう際に、なぜか本来のルートから大きく外れて伊勢神宮へとおもむき、そこで叔母の倭姫命《やまとひめのみこと》から天叢雲剣（当然ながら、この時点ではまだ草薙剣という呼び名になっていない）を授けられ、それを携えて東国へ出征したと記されている。誰もが知るこのくだりは、三種の神器の一つである草薙剣の由来を伝えるものだ。

ここでもし、ヤマトタケルが授けられるという手続きがなかったと考えてみよう。そうすると、剣は熱田へ行かない。つまり、鏡とともに伊勢神宮にそのまま鎮座していたことだろう。そして剣の名も草薙剣になることはなく、天叢雲剣のままということになる。

しかし剣は、ヤマトタケルの佩刀として東国へ向かい、草薙剣になった。

この記述には、二つの重大な意味・事実が示されているのだ。

一つは、三種の神器のうち八咫鏡と天叢雲剣が、それまで伊勢神宮にあったこと。

もう一つは、倭姫命によって天叢雲剣がヤマトタケルに授与された、ということ。

この二つの事実が示す意味は、重い。


まず第一の事柄について解き明かそう。

第十代・崇神天皇の時、八咫鏡と天叢雲剣が祟りを為したので、皇居の外に祀ることとした。奉仕したのは皇女・豊鍬入姫命である。

その後、奉仕の役目は豊鍬入姫命から倭姫命へと引き継がれる。

倭姫命は、第十一代垂仁天皇の第四皇女。二種の神器にふさわしい鎮座地を求めて遷御をおこない、最終的に伊勢の地に御鎮座となる。これがいわゆる伊勢神宮である。正しくは皇大神宮（内宮）と豊受大神宮（外宮）。両宮を総称して神宮とのみ称するのが正式である。

そして倭姫命は初代の斎宮《さいくう》となった。つまり伊勢神宮のトップであり、天皇の名代であり、国家の宗教的権威の象徴である。国家最高の呪物を奉斎する責任者である。

さてそれでは、その初代斎宮が奉仕する神は、何者であろうか。もともと宮中で祀られていて、天皇の宗教的権威を保証する神であり、皇女が伊勢斎王（斎宮）として奉仕して鎮めなければならないほどの畏るべき神威の神とは何者か。

八咫鏡は、皇祖神アマテラスの御霊代・依り代である。

そして天叢雲剣は、はたしていかなる神の御霊代・依り代か。

いずれにせよ、伊勢神宮創建の際には、まぎれもなくこの二柱の神が祀られていたのだから、この「二神」に奉仕していたということである。

三種の神器の一つである草薙剣は、現在ではスサノヲの依り代ということになっている。しかし由来を考えると、十握剣がスサノヲの依り代であれば合点が行くが、草薙剣（天叢雲剣）だとすると理屈に合わない。

スサノヲがヤマタノオロチを退治した際に、その尾から出て来たとしているが、それならばオロチ退治を成し遂げた十握剣こそがスサノヲの依り代として祀られるべきであるだろう。

スサノヲの佩刀・十握剣は「勝者の剣」であり、ヤマタノオロチの体内刀・天叢雲剣は「敗者の剣」である。だからこそ天叢雲剣は怨霊神となって、崇神天皇の御代に祟りを為した。敗者が祟るのであって、勝者のスサノヲが祟る謂われはないだろう。

つまり、天叢雲剣は別の誰かの依り代である。

崇神天皇は、剣の祟りを鎮めるために大神神社を祀った。

その大神神社の祭神は誰か。

▼大神神社《おおみわ》（通称　三輪明神・三輪さん）奈良県桜井市三輪
【祭神】大物主大神　（配祀）大己貴神　少彦名神

すなわち、天叢雲剣はオオモノヌシの依り代以外にはありえないということだ。つまり、祟り神はオオモノヌシである。

それではオオモノヌシとは何者か。

「最古の神社」といわれる大神神社は、実は祭祀形態としても古式をとどめていて、多くの神社とは異なっている。普通に参拝しただけではわかりにくいが、拝殿はあるものの、その奥に本殿はない。拝殿の奥はそのまま三輪山であって、三輪山そのものが御神体である。そして三輪山は、オオモノヌシの墓、御陵であるだろう。

『古事記』では、オオクニヌシが三諸山《みもろやま》（三輪山）へオオモノヌシを祀ったとしているが、ヤマトを去ることになるオオクニヌシが、自らの霊威を引き継がせるために三輪の王としてのお墨付きを与えるための関連づけであるだろう。

そしてオオモノヌシの正体・実体について、「オオクニヌシの異称」や「オオクニヌシの幸魂奇魂《さきみたまくしみたま》」などとも記されているが、もともと別の神であるため、いずれも宗教的権威を継承する神であることを示す意図だろう。

そもそも出雲の長であるオオクニヌシが、オロチの長と同一では対立関係になりようがない。オオモノヌシは、オオクニヌシでもオオナムヂでもなく、まったく別の神だ。

すでに紹介したが、記・紀の崇神天皇の条には、災厄が多いので占ったところオオモノヌシの祟りであって、その子孫である大田田根子《おおたたねこ》に祀らせよとの神託があり、祀らせて鎮まった。これが現在に続く大神神社である。

そしてこの祟り神の依り代こそが天叢雲剣である。大神神社・オオモノヌシは祟りなす強力な神であったが、天皇によって手篤く祀られたことにより国家の守護神となった。そしてその依り代は、三種の神器の一つとして、皇位継承の証しともなったのだ。


しかし、なぜ天叢雲剣がオオモノヌシの依り代なのか。

このことには重大な意味がある。すなわち、ヤマタノオロチはオオモノヌシであったということになるのだ。あるいは、ヤマタノオロチに体現される賊衆の長がオオモノヌシであったとも解釈できる。

三種の神器の一つである天叢雲剣は、斎宮・倭姫命からヤマトタケルに授けられた。これは、まぎれもない皇位継承の儀式である。無事に帰還すれば、次期天皇としての玉座が待っているはずであったのだ。

石上神宮に鎮座の真相

『日本書紀』に、十握剣は石上神宮に納められた、と記されている。

石上神宮の布都斯魂大神《ふつしみたまのおおかみ》がそうである。

剣は、スサノヲからアマテラスに献上され、アマテラスからニニギに授けられて、天孫降臨に携えられた。

以後は宮中において代々祀られるが、第十代・崇神天皇の時に、八咫鏡とともに外に祀ることとなったのは、すでに紹介した通りである。

▼石上神宮《いそのかみじんぐう》　奈良県天理市布留町

【祭神】布都御魂大神《ふつのみたまのおおかみ》（配祀）布留御魂大神《ふるのみたまのおおかみ》　布都斯魂大神　宇麻志麻治命　五十瓊敷命《いにしきのみこと》　白河天皇　市川臣命《いちかわのおみのみこと》

布都御魂《ふつのみたま》＝韴霊剣《ふつのみたまのつるぎ》とは、証言によれば、内反りの剣であるという。

布留山《ふるやま》の麓の禁足地に埋納されていた韴霊剣は、明治七（一八七四）年、大宮司であった菅政友《かんまさとも》によって掘り出され、本殿に御神体として奉安された。

その際に、刀工に依頼して複製（一六三頁写真）も作られた。

またこの時、小宮司であったのが、後に文人画家として有名になる富岡鉄斎《とみおかてっさい》である。まだ三十代であったが、すでに万巻の書を読み、古今の学問に造詣深く、さらに書画をよくした。そして彼は、境内の榊の木を用いて、木製の写しを製作している。さしずめ「鉄斎の木彫」ということになる。美術工芸的価値もあるので、ぜひ展示していただきたいものだ。

これらの発掘図、複製、木刀から分かるが、韴霊剣はまぎれもなく〝内反り〟である。

日本刀は一般に刃を外に背を内に反らせている外反りであるが、韴霊剣はこれとは逆に刃を内にして湾曲したものである。つまりは「鎌」や「斧」のタイプである。柄頭に環頭の付いた形状で、全長約八五センチメートルという。

内反りの剣は、実戦では役に立たないとする意見もある。

武器としての鎌はその形状から突く、切る、と言った攻撃が薙鎌などの一部の長柄以外出来ないこと、薙ぐ場合も手前に引く動作が必要となるために、手の届く距離の半分程度しか有効間合いにならない。突き立てるように使う場合も射程が致命的に短いことが欠点としてあげられる。日常の道具として生まれた鎌や斧では戦闘のためだけに特化された剣や槍には勝てないとされる。

正倉院御物《ぎょもつ》に「刀子《とうす》」というものがある。小型のナイフといった形状で、内反りであるが、文具であったとされている。

つまり内反りの刃物は、農機具や文房具であって、武器としてはきわめて珍しいということだ。

ただ、別の用途であれば問題はない。

神倉神社の御燈祭《おとうまつり》で、松明《たいまつ》の男たちを先導する神倉聖は斧を掲げて統括する。

斧こそは、刃物の中でも数少ない「内反り・内湾

石上神宮

曲」である。かつて、高倉下《たかくらじ》が師霊剣を振りかざしたなごりなのか、それともこちらが起源なのかはわからないが、この一致は重要な示唆である。

『先代旧事本紀』には、布都御魂は経津主神《ふつぬしのかみ》の神魂であると記される。

経津主神を祭神とする神社は全国に二二〇〇社余鎮座するが、その大半は春日・香取であって、本来のものではない。経津主神は、本来それを氏神とする物部が隠したために中臣に奪われ、かえって隆盛することとなったのは皮肉なことだ。

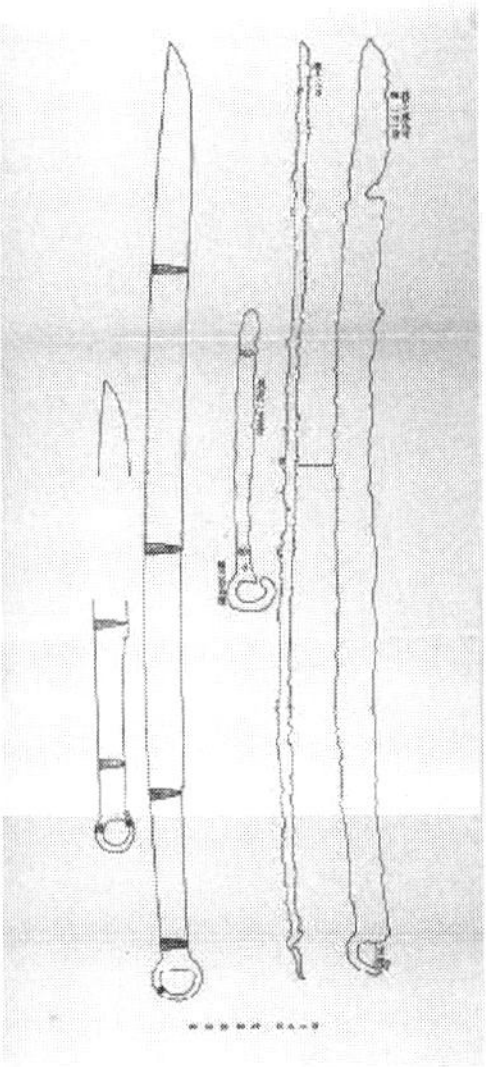
石上神宮禁足地より発掘された神剣の図

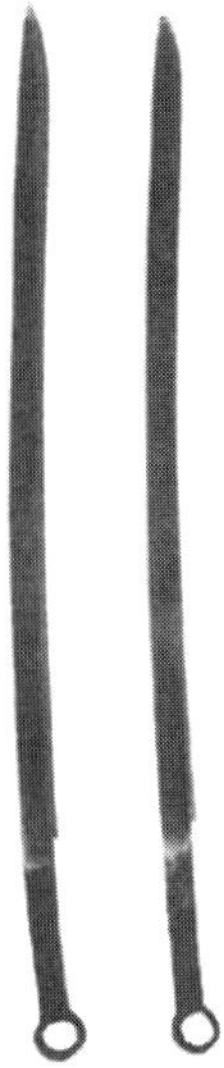
柳の葉のような形状の師霊剣（発掘図による複製）

また、先に紹介したように鹿島神宮には布都御魂剣と称する長大な直刀が伝世されているが、後世の作であって、祭神あるいは依り代として祀られていないのは、それだけの位置付けだからであろう。

なお、有名な七支《しちし》刀《とう》を石上神宮の御神体・御祭神と勘違いしている人が少なくないが、これは単なる献上品の一つにすぎない。当時、日本へ朝貢していた百済が様々なものを天皇へ献上していたが、そのうちの一つである。

中国製の七支刀に銘文を金象嵌して献上したものだ。最盛期の石上の収蔵庫には一〇〇〇振《ふり》以上の刀剣が納められていたというが、この規模は「国家の武器庫」と同義である。

布都御魂大神《ふつのみたまのおおかみ》（または石上大神《いそのかみのおおかみ》）を祭神とする神社は九九社。いずれも石上神宮からの分祀である。ただ、これらとは別に、社名に掲げる神社がある。

▼石上布都魂《いそのかみふつみたま》神社（通称　お神社様）岡山県赤磐市石上字風呂谷

【祭神】素盞嗚尊

式内社であり、備前国一宮である。祭神は素盞嗚尊となっているが、もともとは社号の通り布都御魂とされる。

しかし由来では、十握剣を祀ったのが創祀であるとされ、剣は崇神天皇の御代に石上神宮へ遷されたという。その伝承は当社にも、また石上にも伝わっているところから、十握剣の由来には整合があり、霊位は布都斯魂＝素戔嗚尊であるだろう。

しかしもとは、韴霊剣も十握剣もともに霊位は布都御魂であったのやもしれない。「ふつ」とは単に刃物のことであって、「ふつのみたま」は「剣の霊位」ほどの意味である。すなわち神霊剣であれば、いずれも布都御魂である。十握剣は、石上に祀られる際に韴霊剣の霊位と区別するために布都斯魂と称されたとも考えられる。

氏神・布都御魂大神とともに、また布都斯魂大神とともに配祀神として祀られる布留御魂大神とは何者か。

『略記』は、それを「天璽瑞宝十種《あまつしるしみずたからとくさ》に籠る霊威」としている。

「配祀神・布留御魂大神は天璽瑞宝十種に籠る霊妙なる御霊威にます。瑞宝十種は、謂ゆる瀛津鏡《おきつかがみ》一つ、辺津鏡《へつかがみ》一つ、八握剱《やつかのつるぎ》一つ、生玉《いくたま》一つ、足玉《たるたま》一つ、死反玉《まかるかえしのたま》一つ、道反玉一つ、蛇比礼一つ、蜂比礼一つ、品物比礼一つ」とある。

桓武天皇の御代に（延暦二十三年）、石上神宮の剣（兵仗）を山城国葛野にすべて移した。移動要員は実に延べ十五万七千人にも及んだという。しかし新たに納めた倉が倒れ、さらに兵庫寮に移したところ、天皇が病に倒れ、怪異が次々に起きたという。

そこで石上神宮に勅使を派遣し、女巫に命じて降神させたところ、布都御魂大神ではなく布留御魂大神が女巫に憑依して一晩中怒り狂った。そのため、天皇は自分の歳の数と同じ人数の六十九人の僧侶に読経させた上で、神宝を戻したという（『日本後紀』巻十二）。

またこの年は、たびたび地震が起きている。

この経緯記録から判明するのは、ニギハヤヒの子・ウマシマジが神宝を天皇に献上したので永く宮中にて奉斎されていたが、帰ってきた、というものだ。神宝とは「十種神宝」の中の何かであろうと読めるが、石上が朝廷の武器庫であることを思えば「八握剣」以外にありえない。

それがなぜ帰ったかといえば、祟りをなしたので返されたということになるだろう。

そこで、石上では鎮魂祭祀をおこなう。奏上するのはニギハヤヒ由来の十種祓詞である。「ふるへふるへゆらゆらとふるへ」との呪言は、布留御魂大神の由来である。

すなわち、布留御魂大神こそはニギハヤヒであって、その鎮魂こそが石上神宮の存在理由であることがわかる。「布都御魂大神＝韴霊剣」を主祭神として第一に掲げているのは偽装《カムフラージュ》であろう。本来は「布留御魂大神＝八握剣」こそが主祭神である。だからこそ、神奈備・神体山は「フル山（布留山）」であり、鎮魂は「タマフリ（魂振り）」であり、祓詞は「フルへ（振るえ）」であろう。石上は、「フル（布留）」を鎮魂するために創建された社祀なのだ。主祭神をフツノミタマとしたのは、目眩ましである。

また、社号の「石上」は、さながら「磐座の上に築かれた社」を示唆する社号であるが、そういうタイプの社号というのは実はあまり現実的ではない。さしずめ滝下神社や山元神社、湖岸神社に相当するだろうが、辺境の小祠にはあっても、中央の大社ではありえないものだ。まして創建の経緯や時期がはっきりしている国策系の神社ではなおさらありえない。

「石上」という表記には、あえて無意味化を企図する政治的意向があったのではないだろうか。つまり「石上」という表記には意味はなく、重要なのは、その訓み方「いそのかみ」である。

「いそのかみ」とは、「五十神《いそのかみ》」であろう。あるいは「伊曽神《いそのかみ》」。すなわち五十猛《いたけるのかみ》神である。ニギハヤヒと名付けられたヤマトの初代王・五十猛である（＊詳細は拙著『ニギハヤヒ』参照）。

草薙剣という名の尊厳

そもそも天叢雲剣という元の名を捨てて、草薙剣という新しい名としたのはなぜだろう。記・紀神話や、熱田神宮その他の様々な伝承によれば、ヤマトタケルが危地を脱するために草を薙ぎ払ったという由来に基づくとされている。

ヤマトタケルの佩刀は天叢雲剣であったが、尊の死後、熱田社において御霊代として祀る際に草薙剣という呼び名に変えたことになっている。つまり、熱田社を戴く尾張氏が、それをおこなったということになるだろう。

周知のように尾張氏は尾張国造家であるが、この後も熱田の社家として代々連綿と続き、壬申の乱においては大海人皇子を全面的に支援して天武天皇の実現に最も寄与した氏族である。古代から全国に勢力を広げてきた海人族の中心的氏族で、壬申の乱においては「鉄剣鉄刀」を大量に調達して、それが勝敗の帰趨を決したとされる。つまり、刀剣こそは、彼らの存在証明でもある。

その尾張氏は、ヤマトタケルの死後、佩刀・天叢雲剣を尾張の地にとどめ置き、朝廷に返上しなかった。あまつさえ、草薙剣という新たな呼称を付けて、みずから祀ったということになる。それが尊の意志（遺志）であったからという理由で——。はたしてそんな〝勝手〟が許されるのだろうか。

ちなみに高崎正秀『神剣考』において、「クサナギ」は「霊蛇《くしなだ》」であるとの論考がなされている。民俗学的にもたいへん興味深い論考で、同説はかなり人口に膾炙している。私の恩師筋の先輩でもあるので敬意をもって検証させていただいたが、結論として私はこの説は採らない。

もし同説であるならば、当初からクサナギであってよいはずで、初め天叢雲剣で後からわざわざこの名に変える必要がない（高崎は当初から「クサナギ」であったのではないかと推測しているが、そのような事実はない。クサナギを霊蛇だとすれば、そういうことになるはずだ、との逆論にすぎない。自分で立てた仮説は推論の前提にはならない）。

また、蛇《なだ》を「ナギ」と訛る必然もなく、そのままクシナダ剣と呼ばれるべきだろう。それは奇稲田《くしなだ》姫（櫛名田《くしなだ》比売）が霊蛇《くしなだ》姫であるという解釈に、なんら異論を唱えるものではない。

剣名の呼び変えについて、尾張氏の政治的位置を勘案してみよう。

尾張氏があくまでも「従属」的立場にあったとするなら、これは〝反逆〟になるだろう。天叢雲剣は皇子・ヤマトタケルに授けられたとはいえ、天皇家に伝わる聖なる器物＝神器である。天皇家でも皇族でもない尾張氏に与えるわけにはいかない。まして尾張氏は渡来の海人《あま》族である（おそらくは江南の出自）。

呼称の変更をおこない、なおかつ返上せずにみずから祀るという点について、尾張氏が朝廷の許可を得ておこなったという記録はどこにもない。

これほどの重大事について、公式記録がないこと自体不自然であるが、それについての疑義が同時代の記・紀その他の記述にもないのは、さらに不可解なことだ。

もし勅許を得たのであれば、尾張氏にとっては公言して権威付けに利用するはずで、あるいはもし無断であるならば、少なくとも『日本書紀』はこれを非難してしかるべきだろう。

しかしいずれもないとなれば、答えは一つしかないだろう。

すなわち、勅許は不要であり、朝廷は非難する必要もない、のだ。

なぜならば、草薙剣は天叢雲剣ではないからだ。

そもそも新たに名付けるならば、もっと相応しい名がいくらでもあるだろう。名刀と言われる刀剣には特に号（名）が付けられるものだが、いずれも勇ましい号や神々しい号が多い。それらに比べると「草を薙ぐ剣」とは、なんとも優しい号だ。強そうでもなければ神聖感もない。

一般に、草を薙ぐのは「鎌」であろう。「草刈り鎌」という通例があるように。しかし刀剣の本来の機能役割は、もちろん草を刈ることではない。

ところが、記・紀をいくら読み込んでも、〝神剣〟草薙剣は「草を薙ぎはらった」ことにしか使われていないのだ。ヤマトタケルは大活躍したことになっているが、その活躍に〝神剣〟は何の働きもしていない。つまり、これが草薙剣の能力なのである。それならば、そういう機能の刃物だったのではないかと私は考えたのだが、いかがであろうか。草薙剣とは「鎌刀」だったからこそ、この名になったのではないか。

ちなみに、一般にはあまり馴染みがないと思うが、草薙剣には都牟刈大刀《つむがりのたち》という別名もある。稲穂を「摘む」「刈る」という意味である。つまりこれもまた「鎌」を暗示している。

「名称」を軽んじてはなるまい。まずはその名称を素直に考えるのが至当というものだろう。玉も鏡も剣も、それぞれ独自の名が付いているのだ。訳あって名は付いているのであって、ここに最大の情報が集約されていると考えるべきだろう。

ましてそれが「三種の神器」である。究極の宝物である。その名称が、便宜的であるとか、通称であるとか仮称であるとかいうならば、ご都合主義があまりに過ぎるというものだろう。神器の名称には必然があると考えるのが当然である。

そしてその名に相応しい刀剣が存在する。

素環頭《そかんとう》大刀である。

鉄製・内反りの素環頭大刀は、平原《ひらばる》遺跡（福岡県糸島市）や上町向原遺跡（同）、横田遺跡（佐賀県吉野ヶ里）、岩滝円山古墳（京都府与謝郡）、積石塚（長野県長野市）など各地から出土している。

とくに東大寺山古墳（奈良県天理市）からは素環頭鉄刀二十本と鉄剣九本がまとまって出土しており、そのうちの少なくとも六本は内反りである。さらにそのうちの一本は、長さ一一〇センチメートルの大刀で、金象嵌の銘文二十四文字が刻まれている。

「中平□□（年）五月丙午造作文（支）刀百練清剛上応星宿□□□□（下避不祥）」

年号とお決まりの吉祥文であるが、「中平」は後漢の霊帝の年号で、一八四～一八九年を指す。すなわち同王朝から下賜されたものであろう。この当時（古墳時代前期）、すでに日本においても鉄刀は造られていたが、その鍛造技術も渡来のものであって、「中平銘刀」は後漢製だ。

素環頭大刀については今尾文昭氏（奈良県立橿原考古学研究所）による「素環頭鉄刀考」という優れた研究論文がある（同氏著『古墳文化の成立と社会』所収）。同研究では、素環頭の鉄製大刀および剣について、中国・朝鮮の事例と比較検証しつつ、日本の弥生時代と古墳時代の遺物の（とくに発掘遺物）素環頭鉄刀についてきわめて緻密なアプローチがなされている。同研究によって判然とするのは、朝鮮には内反り鉄剣の事例はほとんどなく、中国と日本の共通した特徴であるということだろう。重要な示唆を含むので、以下に「反り具合」という一節を引用させていただく。

「保存状態、観察の相違で左右されやすい要素であるが、①内反り傾向を示すもの。②直刀傾向を示すものに区別できる。とくにいわゆる内反り刀は、従来から素環頭大刀の特徴とされてきたが、反り具合は個々に差異がある。刀全体が内反り傾向を示すもの、茎《なかご》部分でその傾向が顕著になるもの、また朝田墳墓群四例中三例の素環頭刀子では、刀身がわずかに内反りでありながら、鋒《みね》部分では逆に外へと反る様子がよみとれる。個別的なあり方を示すが、特記すべきは弥生時代の素環頭大刀が前原上町、平原遺跡出土の二口を除くと、大方は内反り傾向を示す点である。

前期古墳出土の素環頭大刀も内反り傾向を示すものが多いが一方、直刀傾向を示すものもみられるようになる。たとえば奈良県谷畑古墳出土例は、全長一二五センチの長大な刀であるが、全体はほぼまっすぐな形状を示す。逆に中期古墳からの出土例で内反り傾向を示すのは、長野県フネ古墳や岡山県押入西古墳出土例が顕著であるほかは、ほとんどが反りのない直刀傾向のものとなる。このことは素環頭大刀のみに特化される変化ではなく、古墳時代鉄刀の一般的傾向を示すものと思われる。」

これらの研究成果から明らかになるのは、内反りの素環頭素大刀は中国で製造されていたものが弥生期に日本にもたらされ、やがて日本でも造られるようになったが、古墳時代に入る頃から国産刀は直刀になって行き、やがて内反り素環頭大刀は造られなくなった、ということであろう。

尾張氏はなぜ〈剣〉を返納しなかったか

ところで、天皇家の三種の神器の一つとして尊ばれた草薙剣を、なぜ尾張氏は保有し続け、朝廷に返上しなかったのか。また、朝廷も、尾張氏に対してなぜ返上せよと命じなかったのか、さらに突き詰めてみよう。

記・紀をいくら読んでも、ヤマトタケルが草薙剣を熱田に置いて行く理由が見当たらない。それどころか、それまでの経緯を考えれば、ヤマトタケルは草薙剣を手放してはならないはずである。倭姫命から授けられたのは、以後自由勝手にしてよいということではないだろう。東征の守護剣として授けられたのであって、無事に任務を果たしたならば、最終的には宮中へ持ち帰らなければならないだろう。たとえわが身が斃れたとしても、草薙剣は戻さなければならない。もしヤマトタケルの遺言があるならば、なによりも第一に草薙剣を戻すようにいい置いたはずである。

であるならばその答えは一つしかない。——すなわち、返す必要がなかったからだ。すなわち熱田の剣は、もともとの草薙剣ではないからだ。

また、すでに紹介したように、三種の神器のうちで草薙剣のみが「実見」記録が複数あり、そればかりか新羅僧による「盗難」にまで遭っている。千数百年間で見ればわずかな回数であるが、八咫鏡本体や八坂瓊曲玉本体の処遇、あるいは運命に比べるといささか「畏敬」に欠けるきらいなしとはいえないだろう。そしてそれには、やはりそれだけの理由があるのだと私は考えている。

なお、ヤマタノオロチ退治の神話は、実は尾張氏の神話なのではなかったかと示唆しているのは稲田智宏氏だが（『三種の神器——謎めく天皇家の秘宝』学研プラス、二〇〇七年）、じゅうぶんにあり得る話だ。もともと尾張氏に伝わる神話か、もしくは来歴創作のための新しき神話であるやもしれない。

それでも最終的に、また歴史的にも神器として認定されたのはまぎれもない事実である。認定されて、すでに千年余が経つ。朝廷によって認定され、なおかつこれだけの歴史を経たのであるから、これはすでにして神器・草薙剣である。もはや現物が何ものであるかを問わない。それはまぎれもなく天皇家の意志である。

しかし事実関係は明らかにしておかなければならない。

すでに述べたように、神器は国産でなければならないという宿命がある。したがって、草薙剣も日本国内で鍛造されたものでなければ神器の資格はない。

ところが熱田に伝わる実見記録から察すると、熱田の剣は渡来の銅剣（両刃）である。そしてこれを草薙剣としている。

繰り返すが、「渡来の銅剣」であり、それを「草薙剣」と呼んでいる。

しかし天叢雲剣は、出雲由来であるから「鉄製」であると思われる。「むらくも」は鍛造鉄刀に特有の刃紋であろう。スサノヲがこれを発見した時のくだりを思い出していただきたい。

「かれ、その中の尾を切りたまいし時に、御刀《みはかし》の刃《は》毀《か》けき。しかして、あやしと思ほし、御刀の前《さき》もちて刺し割きて見そこなはせば、都牟羽《つむは》の大刀《たち》あり。かれ、この大刀を取り、異《け》しき物と思ほして、天照大御神に白《まお》し上げたまひき。こは草なぎの大刀ぞ。」（『古事記』本文）

スサノヲがヤマタノオロチの尾を切ったら、スサノヲの刀の刃が欠けたというのだ。これは、スサノヲの佩刀よりも草薙剣のほうが硬度が高いと言っているわけである。単純に考えて、銅剣対鉄刀で打ち合えば、必ず銅剣の刃が欠ける。鋳造された銅剣と、鍛造された鉄刀では硬度がまるで違うからだ。

すなわち、天叢雲剣は鉄刀である。それもかなりの硬度を持つところから、出雲の玉鋼《たまはがね》を日本式に鍛造したものであるだろう。繰り返し折りたたみ、打ち延ばして行く日本刀独特の鍛造による「千枚《せんまい》鋼《はがね》」という構造の刀剣こそは、天叢雲剣であるだろう。

そして鉄刀ならではの「叢雲」の刃紋があった。それを見出したスサノヲは「都牟羽《つむは》の大刀《たち》あり」と述べている。つまり「稲穂を刈り取るための大きな刃物」だと。つまり「鎌」に似た大刀、内反り鉄刀＝素環頭大刀のことであろう。

だから、スサノヲは「異《け》しき物と思ほして（珍しいものと思って）」アマテラスに献上するのだ。しかも「草なぎの大刀」と名付けて。──すなわち発見の段階から、草薙剣はすでに草薙剣と呼ばれていたはずである。名付け親は発見者・スサノヲであるだろう。

いずれにしても熱田の剣は草薙剣ではない。熱田の「渡来の銅剣」は、おそらくは尾張氏がもともと保有していた氏祖伝来の剣で、熱田社はそれを祀る氏神社であったのだろう。渡来氏族・尾張氏の祖先が大陸江南からはるばる持ち来たった「証し」なのではないか。

ちなみに、武家政権を初めて樹立した源頼朝は、母の実家である熱田神宮を崇敬していた。

しかし頼朝は鎌倉に幕府を開いた際に、源氏の氏神として皇室系の石清水八幡宮を勧請し、鶴岡八幡宮を創建している。

頼朝は、血縁のある熱田神宮をなぜ氏神としなかったのか。周知の基準に従えば、熱田の御神体は究極の刀剣である草薙剣であるのだから、武家の筆頭としての源氏にこれほど相応しい神はないだろうに。しかも母の実家である。――その理由を、「熱田神は尾張氏の氏神」であったからではないかと私は考えている。もともとのその神は、渡来氏族である尾張氏が信仰するものであって、天皇・皇室の神々の系譜とは別の系譜を持つものであったからではないだろうか。

すべての「神剣」

草薙剣の姿を追い求めて行くと、これまで見てきたように三種の姿が浮かび上がる。

一、両刃《もろは》の銅剣
一、内反り片刃の鉄製素環頭大刀
一、片刃直刀の鉄刀
（＊上古においては剣と大刀の区別は厳格ではないため、呼び名は慣習に従っている。）

いずれも、紛れもなく「神剣」として存在している（いた）。

熱田社にはヤマトタケル来訪以前から銅剣が奉安されており、それは尾張氏の守り神であった。一度盗難に遭っているので、そのものかどうかはわからないが、後に天武天皇の御代に再びもたらされた「神剣」も銅剣であろう。これが現在の御神体である。

倭姫命からヤマトタケルに渡された「神剣」は、内反りの素環頭大刀であったろう。そしてこの大刀は、石上神宮に納められた。後に禁足地から発掘された素環頭大刀は、韴霊剣であり、草薙剣であろう。


安徳天皇とともに海中に沈んだのも、崇神天皇の御代に分身が造られて以来、宮中祭祀に用いられてきた「神剣」であったろう。そしてこれは、おそらく内反り片刃の鉄製素環頭大刀であろう。

その後、宮中では、祭祀用に清涼殿の剣を代用した。これは従来より護身剣として清涼殿に置かれていたもので、むろん「神剣」ではない。祭祀の形を整えるための代用に過ぎない。そのため、本来「剣・璽」となるべきところを「璽・剣」としていた。

安徳帝から三代後の順徳天皇即位の際に、伊勢より〈剣〉が奉られ、以後はこの〈剣〉が宮中の「神剣」「分身」となる。

この経緯が順徳天皇自身によって『禁秘抄』の「宝剣神璽」に記されている。

「御剣は、神代より三剣ある其の一也。」

また、その〈剣〉が海中に失われて（一一八五年）から二十四年後の「譲位」に際して、「夢想により伊勢より之を進《たてまつ》りてよりこのかた」と順徳天皇みずからが記している。

新たな「分身の剣」は伊勢神宮から奉納させるよう〝夢想〟を得た、ということだ。そしてその

〈剣〉が宮中における三種の神器の〈剣〉とされ、再びこの時から〈剣〉が「先」になったというのだ。

しかし、なぜ「伊勢」なのであろうか。分身を献上させるのであれば論理的には「熱田」であるはずだが、順徳天皇は〝夢想〟にかこつけて伊勢から献上させている。また、神剣の姿形を重視するのであれば、石上神宮から献上させる方法もあったはずであるが、それもしなかった。

失われた「神剣」の代わりに伊勢からもたらされた新たな分身は、片刃直刀の玉纏御太刀《たままきのおんたち》か須賀利御太刀《すがりのおんたち》ではないかと私は推測している。伊勢では、この複製を造る技術が代々受け継がれている。

しかし、玉纏御太刀や須賀利御太刀に私が着目するのは、その豪華な装飾にではない。ともに共通する「片刃・直刀」という刀身の姿・造形に着目しているのだ。

それまでの素環頭大刀は草薙剣（天叢雲剣）の複製（姿を模した国産）であったから、この機に玉纏御太刀、すなわち完全和製の神剣に変更されたということであろう。内反りの素環頭大刀の原型は漢刀であるが、伊勢の直刀は完全な国産である。有職故実《ゆうそくこじつ》に造詣深い順徳天皇だからこそ、それを決断したものであるだろう。

したがって、それ以後現在に至るまで宮中の「神剣」は和製のオリジナルであり、熱田の「神剣」は尾張氏伝来の銅剣であろう。


宮中の〈剣〉について、寛政七（一七九五）年に興味深い〝証言〟が出されている。

尾張藩の藩祖（初代藩主）であった徳川義直（一六〇一～一六五〇）は、文武に優れた名君として知られるが、とくに尊皇思想に篤く、皇室の歴史や神事についても造詣が深かった。義直は歴史書『類聚日本紀』を編纂したことでも知られるが、『神祇宝典』の編纂も自選し（校合は死後、九代藩主宗睦による）、そこに彩色の『神器図』を付している。そこには、御正躰、御玉、御剣の彩色画が描かれている。

当時、義直は格別の立場にあった。家康の九男であり、甥の家光が三代将軍となっても、義直のみは家光にたびたび苦言している。家光にとってこの叔父は煙たい存在であったようだ。

義直は尾張藩主であったことから熱田神宮を庇護し、様々な支援をおこなっている。また、義直みずから名古屋城を蓬左城と名付けたが、これは蓬萊宮の左にある城という意味である。蓬萊とは古代道教の神話で神仙の住む霊地のことであるが、義直は熱田神宮を蓬萊宮と考えていた。

また義直は権大納言であり、尊皇に篤かったことから朝廷との関わりも深かった。そのような立場にある義直が描かせたのが直刀の「御剣」である。これは、明らかに玉纏御太刀（あるいは同形同類の須賀利御太刀）である。

おそらく義直は熱田の御神体がいかなるものかをも承知していたはずで、にもかかわらず宮中の「神器の御剣」は玉纏御太刀であると示したのだ。順徳天皇以来の〈剣〉がいかなるものであるかを明かすこれ以上の「証言」はあるまい。

こうして一つ一つ検証してくると分かるのは、〈剣〉の姿は一通りではないということだ。少なくとも「三種類」そして「四体」ある。私は、これらのいずれもが草薙剣であるのだろうと考えている。そしてそれぞれは別の場所に奉安されている。

一、両刃の銅剣 ――▼熱田神宮（古来、現在）

一、内反り片刃の鉄製素環頭大刀──▼石上神宮（古来、現在）
一、　　　〃　　　　　　　　──▼宮中から壇ノ浦海中へ（古来、一一八五年水没）
一、片刃直刀の鉄刀　　　　──▼宮中（一二一〇年に伊勢から奉納。これより現在）

このように、草薙剣は歴史的には四振《ふり》存在した。それぞれの伝承や証言に異動があって一貫しないのはそのためである。これが、「草薙剣の真相」である。

そして、天武天皇に祟ったのは熱田神宮に今も納められている剣であり、ヤマトタケルの守護神であったのは石上神宮に今も納められている剣である。

（＊本章は、既刊拙著『三種の神器』第二章「草薙剣」より抜粋・補筆したものです。より詳細な論考はそちらをご参照ください。）

第5章　ヤマトタケル、その死の伝説……なぜ、白鳥《しらとり》になったのか

消えた遺骸

ヤマトタケルが亡くなった後の様子について、

▼『古事記』はこう記している。

倭建命は大きな白い千鳥に化身して、天空高く飛んで、浜に向かって飛んで行った。

▼『日本書紀』は、こう記している。

（景行天皇は）群卿に詔《みことのり》し百官に命じて、伊勢国の能褒野《のぼ》陵《ののみささぎ》に埋葬した。

ところがその時、日本武尊は白鳥に化身し、御陵から出て、倭国《やまとのくに》を目指して飛んで行ってしまった。

群臣たちが棺を開けてみると、清らかな衣服だけが抜け殻のように残り、屍骨はなかった。そこで、使者を遣わして白鳥を追わせたところ、白鳥は倭の琴弾原《ことひきのはら》に停まったので、そこに御陵を造った。

白鳥は更に飛んで河内に至り、奮市邑《ふるいちのむら》に留まったので、ここにもまた御陵を造った。

そこで時の人は、この三つの御陵を名付けて白鳥陵《しらとりのみささぎ》と呼んだ。

そして遂に、白鳥は天上へと高く翔け上り、ただ衣服と冠だけが葬られた。


ヤマトタケルの死にまつわる記・紀の記述は、ご覧のように記述量に大きな差はあるが、死後「白鳥に化身した」との基本は同じである。

『古事記』は、亡くなった場所を特定せず、白鳥が飛んでいった先も特定していない。また、化身した後の棺の様子も記されていない。

いっぽう『日本書紀』は亡くなった場所も、飛んでいった先も全部で三箇所挙げており、さらに棺の中についても描写している。遺骸は消えており、衣服と冠のみが棺には残されていたというものである。

『古事記』では省略されているが、「遺骸は消えていた」と推測はできる。


ヤマトタケルのこの結末は、いったい何を意図しているのだろう。

単に「亡くなった」というだけならば、巷間言われているように「ヤマトタケルは悲劇の英雄」で完結する。日本全土を平定しながら、わずか三十歳で病没したわけであるから、わかりやすい〝悲劇〟である。

しかしここにあるように、記・紀のいずれもが「遺骸が消えて白鳥に化身して飛び去った」と記している。

この死後譚が創作であるとするならば、これを認可したのはヤマト朝廷であるのは共通している。いずれにしても記・紀に収録掲載することを許可したのは朝廷である。

ならば、朝廷はいかなる理由でこういう結末にしたのだろうか。

この結末によって何がどうなるのか推理してみよう。

遺骸が消えた。……どこか別の場所に出現するのか。

白鳥に化身した。……どこか遠くへ行くのか。

ということが考えられるので、それならば一度死して、どこかでふたたび蘇生したことにして、新たな使命に従事するというのが朝廷の意向とも考えられる。

遺骸があると、蘇生はありえないし、白鳥に化身して飛び去るということは、新たな使命を果たすべき場所は、ここからはるか遠方であるということになる。すでに国内は肥後から陸奥まで行っているので、それよりもはるか遠方で、「鳥になって飛ぶ」ことからは「海の向こう」を想起させる。

前章で見てきたように、ヤマトタケルの実体は「呪術者」である。次期・天皇となるに相応しい呪力を様々なシーンで実践し、成果をもたらしている。武術や軍事にとくにすぐれていたという記録はほとんどなく、なによりも、討伐のほぼすべてを呪術によって成し遂げている。すなわち、きわめて有能な呪術者・方術士である。

にもかかわらず、ここで病気が原因で早逝するというのは、いかにも普通の人間のようで、「現人神の子」と称する人物には相応しくないだろう。しかしどうやら、ヤマトタケルにはこのタイミングで亡くなってもらわないと朝廷が困るかのようだ。

なお、ヤマトタケルの死そのものが虚偽であるから遺骸がないのだという解釈もできるが、それだけではおそらく果たせない重大な使命が次に待っているのではないだろうか。

化身と蘇生……遺骸が無くてもそれなら不都合はないだろう。

スサノヲと呪術

ところで『古事記』において圧倒的な呪力を示すのは、なんといってもスサノヲであろう。『古事記』の神話篇を通じて（むろん出雲神話においても）主役はスサノヲである。（＊スサノヲについての詳細は拙著『スサノヲの正体』をご参照ください。）

終盤においてはオオクニヌシに試練を与えるばかりで、さながらイジメのようであるが、最終的には逃げ去るオオクニヌシに評価と保証の言霊を発している。

オオクニヌシに評価ポイントがあるとするなら、生大刀・生弓矢・天の沼琴という三種の神器をスサノヲから得たことだろう。その活用によって、オオクニヌシの命運は一気に切り拓かれることとなるからだ。これは、高天原呪術・神道呪術の継承である。

オオクニヌシはもともと呪術によって救われている。若き日に八十神たちに迫害される場面では、彼らの逆恨みにあって、二度も殺され、二度ともに母の力で蘇生する。

一度目は、騙されて真っ赤に焼けた巨岩に潰され、二度目は巨木の裂け目に挟まれて圧死する（噴火による溶岩流と、大地震による地割れの比喩かも）。

一度目は、母が神々に救済を訴えて、神産巣日神《かみむすびのかみ》の力で蘇生し、二度目は、母みずからの「呪力」によって蘇生している。ただ、どちらも具体的にどのような呪術であったのか記述はない。

母の支援によって二度とも蘇生されたものの、三度目の殺害に遭う前にということで、母の刺国若比売《さしくにわかひめ》はオオクニヌシを遠く根の国へ逃がす。

この話のテーマは、「蘇生」にある。日本神話では蘇生というものはここ以外に出てこない。また、蘇生という呪術は、神道にも仏教にも馴染みがないものだ。


それにしても二度の殺害は、いずれもリアリティーがない。殺し方も非現実的であるし、殺されたオオクニヌシはまるで幼時のようである。八十神もオオクニヌシも、ともに現実離れした行動を採らされている。出雲神話の中で最も幼稚なくだりである。

しかしこの、あからさまな表現手法にあきれているだけでは、実相は見えない。ここにはっきりと見えるのは、八十神たちの嫉妬と憎悪の凄まじさと、オオクニヌシの神聖性であろう。

おそらく実際に似たような事件があって、オオクニヌシはそれを経て王となる資格を得たのだろう。もし八十神がオオクニヌシの兄たちでなく、第三者であったなら、単純に闘争を経て生き残った、あるいはそれらを成敗して勝者となった、となるところであるが、兄弟であるがゆえに醜悪な争いとなる。その最終的な勝者となるには無抵抗が唯一の救いであるだろう。そういう意味では、ここは、はからずもオオクニヌシの神性を最も高めることになったのかもしれない。


オオクニヌシは兄神たちの襲撃から逃れて、母の指示のもと、スサノヲの支配する根の国（根の堅《かた》なる。

州国《す》）へ行く。根の国で、スサノオの娘のスセリビメ（須勢理毘売命）と出会い、互いに一目惚れと

スセリビメが父・スサノヲに引き合わせると、スサノヲは「これからは葦原色許男神《あしはらしこを》（強い男）と名乗れ」と命じて、蛇の室に泊まらせた。スセリビメは「蛇の比礼」をアシハラシコヲにさずけ、蛇が襲ってきたら比礼を三度振るよう教えた。そのおかげで蛇は鎮まり、アシハラシコヲは一晩を無事に過ごした。ちなみに「比礼の呪術」は今後も日本神話には何度か登場する。

次の日の夜、スサノヲはアシハラシコヲを呉公《むかで》と蜂の室で寝させた。スセリビメは今度は「呉公と蜂の比礼」を渡した。そのおかげで、アシハラシコヲはこの晩も無事に過ごした。

スサノヲは野原の彼方に鳴鏑矢《なきかぶらや》を打ち放ち、それを取ってくるようアシハラシコヲに命じた。そして彼が野原へ入って行くと、火を放った。アシハラシコヲが火に囲まれて呆然としていると、そこに鼠が現れ、「内はほらほら、外はすぶすぶ」（穴の内側は広い、穴の入り口はすぼまって狭い）と言った。その場を踏んでみると、地下の穴に落ちて、無事に火を避けることができた。しかも、そこへ、鼠が鳴鏑矢をくわえてきてくれた。この鼠の言葉は一種の呪文になっているようだ。

スセリビメは、夫が亡くなったものと思い込み、葬式の準備をしながら泣いていた。しかしスサノヲが野原に出てみると、そこに鳴鏑矢を持ったアシハラシコヲが現れた。

スサノヲは、焼け野原から戻ったアシハラシコヲを広大な家に招き入れ、今度は自分の頭の虱《しらみ》を取るよう命じた。しかしその頭にいたのはたくさんの呉公であった。アシハラシコヲは、スセリビメからもらった椋《むく》の実を噛み砕き、赤土とともに口に含んで吐き出していると、スサノヲはムカデを噛み砕いているのだと思って、好ましく思いながら眠りに落ちた。

アシハラシコヲは、スサノヲが眠っている隙に逃げようと決意し、スサノヲの髪を柱に結び、巨大

な石で部屋の扉を抑えた。そして妻のスセリビメを背負い、スサノヲの三種の神器である生大刀《いくたち》、生《いく》弓矢《ゆみや》、天《あめ》の沼《ぬ》琴《ごと》を持って、走り出した。しかしその時、琴が木にふれて鳴り響き、スサノヲが目を覚ました。スサノヲが柱から髪を解く間にアシハラシコヲは逃走した。

スサノヲはアシハラシコヲを追いかけたが、葦原中津国（地上）へ通ずる黄泉《よもつ》比《ひ》良《ら》坂《さか》で立ち止まり、大声で言った。

スサノヲのヤマタノオロチ退治（『古今英雄鑑』より）
手に持つ剣は十握剣。

「お前が持っている生大刀・生弓矢で、お前の兄弟たちを山坂の裾に追い伏せ、あるいは河の瀬に追い払い、おのれが大国主の神となり、また宇都志《うつし》国玉《くにたま》の神となって、わが娘スセリビメを妻として宇迦の山（出雲大社の東北にある御埼山）の麓に立派な宮殿を建てて住め」

アシハラシコヲは出雲へ戻って大国主となり、スサノヲから授かった大刀と弓矢で八十神たちを山坂の裾に追い伏せ、また河の瀬に追い払い、国づくりを始めた。

――これらの根の国伝承は単なるお伽噺に見えるため、これまであまりまともに論じられていない。しかしこれは、比喩による史実の記録であろう。そもそも『古事記』が出雲について多くの場合、比喩の形を採っているのは、編纂責任者がありのままを記すのを許さなかったからではないかと思われる。

出雲神話は、オオクニヌシ＝出雲族を慰霊鎮魂するために、その事績を神話化するという目的で書かれているが、その神霊のカリスマ化までは許容する訳にはゆかない。もしカリスマ化することになれば、死してふたたびヤマトの脅威となるからだ。

そこで比喩によるリアリティの喪失がはかられることとなった。蛇・呉公・蜂が何の比喩であるのか不明であるが、もしそのままであるなら、これらは大の男の試練になどならないだろう。まるで幼小児向けの童話のようだ。蛇・呉公・蜂は、アシハラシコヲの試練に値するだけの正体が隠されているということであるだろう。スサノヲにいまだ臣従していない蛮族たちか、あるいは海からの侵入者たちか、いずれにせよスサノヲが統治する「根の国」の問題課題であったのではあるまいか。そしてそれらを解決するのが、スサノヲの呪術である。『古事記』は、彼の呪術を荒唐無稽なものとすることによって、この神話自体をお伽噺のように脚色したのであるだろう。

ここで登場した三種の神器は、妻にそそのかされて、義父スサノヲのもとから勝手に持ち出したものであるが、見送るスサノヲからその使用法を伝授され、結果的にスサノヲの支援を受けたことになった。つまり、オオクニヌシの建国は、スサノヲの呪力あってこそのものである。

スサノヲは、高天原では粗暴な振る舞いのために罰せられ追放されたが、地上に降臨してからはヤマタノオロチを退治し、国土を開拓し、若き後進すなわち娘婿オオクニヌシに後事を託すという、壮大な建国ドラマを演じている。まさしく建国英雄譚の主役である。

しかしここでスサノヲに登場願ったのは「建国の英雄」として再評価するためではない。右に示したオオクニヌシとの関わりの中に示したように、重要な視点として「呪術」あるいは「方術」の継承がある。

そしてこれは実は、「天皇家の伝統」である。その伝統を根付かせたのは蘇我氏である。そしてスサノヲこそは、蘇我氏の祖神であると、私はかねてより著書で繰り返し指摘しているが、『古事記』は、蘇我氏のために書かれたものである。おそらく原本は蘇我氏みずからによって書かれたものだろう（正確には、文字として書かれたのではなく、朗唱するための文章が作成されたのであろう）。『日本書紀』には「一書《あるふみ》に曰く」として異説を録する参考文献が数多く登場するが、『古事記』もその「一書」の一つであり、いくつかの「家伝」の一つであったのではないだろうか。つまり、『古事記』は、蘇我氏の「家伝」である。中臣＝藤原のものではない。

それゆえに『古事記』には、蘇我氏による独自の文化が随所に見られるのだが、その中には呪術・方術が重要な役割を果たしているという点が特徴となっている。

特に注目に値するのはオオクニヌシの母であって、実に二度までもオオクニヌシを蘇生させている。一度目は神産巣日神を頼るが、二度目は、なんと自力で蘇生させている。

言うまでもないが、死者を蘇生させるのは医療ではない。ウサギの皮膚の外科治療とはわけが違う。これは呪術である。

しかし、神道にも仏教にも死者を蘇生させる呪術はないとされる。きわめて異質な文化だとされている。

ところが実は、一つだけある。前章で少しだけ触れたが「天璽瑞宝十種《あまつしるしみずたからとくさ》」、いわゆる「十種神《とくさのかん》宝《だから》」の一つ「死反玉《まかるかえしのたま》」である。

死返玉《まかるかえしのたま》

『石上神宮略記』には、十種神宝を列挙してから、それに続けてこう記している。

　神代の昔饒速日命《にぎはやひのみこと》が天降り給う時、天つ神の詔《みことのり》をもって、「若《も》し痛む処あらば、茲の十宝をして、一二三四五六七八九十《ひふみよいむなやここのたり》と謂いて、布瑠部由良由良止布瑠部《ふるべゆらゆらとふるべ》。此く為さば、死人《しびと》も生き反《かえ》らん」と教え諭して授け給いし霊威高き神宝なり。

そうであるならば、巷間行方不明とされているこれら十種神宝は、石上神宮に納められていなければならないことになる。確かにそれをうかがわせる、あるいは示唆する事象のないことはない。すなわちそれが石上神宮にのみ伝えられる「十種祓詞《とくさのはらえことば》」であり、「石上鎮魂祭祀《いそのかみちんこんさいし》」である。

祓詞は、十種神宝をすべて数え上げて、なおかつそれにともなう呪言を唱える。しかもその祓詞を奏上することと独自の鎮魂祭祀が一体となっている。

そして『略記』にも、

「その御子、宇摩志麻治命《うましまぢのみこと》は神宝を天皇に奉り、永く宮中に奉斎せられたが、崇神天皇の御代に師霊と共に石上布留の高庭に鎮り給うた」とある（＊傍線は筆者）。

これはつまり、石上の布留の地に埋納したということであろう。これはきわめて重大な記録である。

布留の地とは、神宮の鎮座する布留山のことである。

そして、このうちの一つである「死反玉《まかるかえしのたま》」こそは、死者を蘇らせる呪具である。

現物は、おそらく曲玉（勾玉）であろうと思われるが、その使い方はどこにも記されていないないし、伝承されてもいないのでわからないが、繰り返すが『略記』にはこう記されている。

「一二三四五六七八九十《ひふみよいむなやここのたり》と謂いて、布瑠部由良由良止布瑠部《ふるべゆらゆらとふるべ》。此く為さば、死人も生き反えらん」と

すなわち、その「玉」を遺骸に添えてこの呪文を唱えれば、死者は蘇生するということであろうか。

「死反玉《まかるかえしのたま》」を含む十種神宝は、ニギハヤヒが天降りする際にアマテラスから授けられたもので、天神としての存在保証でもあった。

ということは、天神たる者は、本来的に呪術を能くする者ということであろう。すでに先述したように、そもそもアマテラスとスサノヲが宇気比という呪術対決をしており、どうやらこういった能力は天神に共通して本来的に持っているとされているようである。

ニギハヤヒは、ジンムに初代天皇の位を譲るために身を引いたが、順序から言えば、ジンムの前に初代天皇となっていて不思議のない存在である。神代と人世の境目にいると言ってもよいだろう。

ちなみにニギハヤヒは、天磐船《あめのいわふね》に乗って天空から降臨した。そのままの姿で空を飛んで出現したのは、後にも先にも唯一であるから、呪術者としても極めた者であるだろう。なにしろ、シナの神話には、空を飛翔する仙人や方士などが時々出現するが、わが国ではニギハヤヒのみであるのだから。

そう考えると、たとえ「白鳥に化身」したとはいえ、ヤマトタケルが空を飛ぶことになったのは、仙人や神々の位にまで到達したことを示唆する伝説なのかもしれない。

なお死返玉を含む十種神宝には、奇妙な経緯《いきさつ》が伴っている。

皇室においても混乱をきわめた戦国時代、石上神宮は織田信長の焼き討ちに遭った。天正元（一五七三）年のことである。

この時、十種神宝が持ち去られ、一時所在不明となっていた。

これを探し出した豊臣秀吉が、生魂の森にしかるべく奉斎したが、慶応三（一八六七）年、おかげ参り騒動に乗じて何者かに持ち去られた。

ところがその後、大阪喜連《きつれ》の某が古道具屋の店頭で発見し購入して自宅に祀った。

以来、数人の手を経て、昭和元年に地元の古社である式内楯原《しきないたてはら》神社に奉納。境内に摂社・十種神宝社として奉斎することとした。

その後、石上神宮の関係者から、石上神宮へ返還するよう要請された際にもこれに応じず、奉斎し続けている。

▼式内楯原《しきないたてはら》神社　大阪府大阪市平野区喜連
【祭神】武甕槌大神　大国主大神　孝元天皇　菅原道真　赤留姫命

オオクニヌシの蘇生に死返玉が使われたと元々の『古事記』原典に書かれていたかどうかはわからない。ただ、先述したように、蘇生の呪術は他に例がないことから、その可能性はあるだろう。

いずれにせよオオクニヌシの母は、高天原の呪術方術を心得ていたということになる。そしておそらく、母は息子であるオオクニヌシにもそれを教えたことだろう。そう考えるとオオクニヌシの行動全般についても得心する面が少なからずある。

オオクニヌシは武術等に長けた男ではなかったが、呪術や祭祀を本領とする巫《かんなぎ》だったのではないか。出雲神話において、オオクニヌシに勇猛な逸話がまったくないのは、ここに起因するのではないか。また、だからこそ、闘わずして、勝利するという逸話に充ち満ちているのではあるまいか。

高天原から派遣された特使が二人までもオオクニヌシに取り込まれてしまうのは、人徳のなせるものではなく、宗教的教化による帰依であろう。そして、古代出雲は、武力ではなく、信仰による宗教国家であったのだろう。

そして不比等は、それについての「宗教的既述」をすべて削除させたのではないだろうか。なぜならば、それが「異教」であるからだ。オオクニヌシ神話が、どれもこれも間が抜けているとしか思えないのは、それらの行動の根拠としての「宗教的既述」が欠落しているからであろうと、私は推測している。

蘇生の呪術「尸解《しかい》」

では、ヤマトタケルの蘇生は、「死返玉」によるものなのだろうか。

それについてはヒントがある。

先に記したように、死後の様子について『日本書紀』は証言を録している。棺桶の中には清らかな衣服と冠が、さながら抜け殻のように残されていたと。

「死返玉」によって誰かが蘇生したとの記録は記・紀いずれにも見当たらないが、その可能性が考えられるのはオオクニヌシの蘇生であろう。一度目は神産巣日神の力によって、二度目は母の力によって蘇生しているが、方法は書かれていない。しかし、一度目は死返玉を用いて神産巣日神が蘇生させ、玉をオオクニヌシの母に授けて、また殺されたらこれで蘇生させよ、としたとも考えられる。その後、オオクニヌシを根の国へ逃がして、玉は神産巣日神に返却し、後にそれがニギハヤヒに授けられることとなるのでは、というのは私の空想であるが。

いずれにせよ、『日本書紀』の証言は大きなヒントになっている。

道教の方士が用いたとされる究極の方術に「尸解《しかい》」がある。

尸解とは、煉丹術と同じく、不老不死の呪術として求められたものだ。

尸解は、もとは尸解仙《しかいせん》という仙人の一種の形容であって、尸解の「尸」は、「しかばね」とも読む。すなわち「屍」と等しい文字である。つまり、尸解とは「しかばねを解く・解放する」というのが本来の意味であろう。つまり「蘇生」である。そして尸解仙とは、さしずめ「蘇生術を会得した仙人」との意味であろう。

葛洪《かっこう》の著した『抱朴子《ほうぼくし》』に、

「仙人には三種あり、生身のまま虚空に昇じて変ずる天仙、名山に遊び変ずる地仙、死んだ後、蟬が脱皮するように変ずる尸解仙がある」

と記されている。

それぞれ「上士」「中士」「下士」と評価され、生身のままでは仙人になっていない尸解仙は最も下位とされた。

しかし後には、道教の一派である茅山《ぼうざん》派道教においては、むしろ尸解をこそ登仙の方法として最も有効とし、肉体の代わりに「剣」を残して仙人となる「剣解」をおこない、唐代には特に流行したという。

いずにしても、天仙や地仙は当時の方士たちにとっても夢物語であって、尸解仙であればリアリティーがあったということかもしれない。

原典の『抱朴子』の記述をもう一度見てみよう。

「死んだ後、蟬が脱皮するように変ずる尸解仙」

とある。

そして『日本書紀』には、ヤマトタケルは、死んだ後の棺に「衣服と冠が、さながら抜け殻のように残されていた」という。そして当人は白鳥となって天高く飛翔して去ったという。

これぞ「尸解」ではないか。少なくとも「尸解仙」という概念があらかじめあって、それに当て嵌めるようにヤマトタケルの死は描かれたに違いない。

死者を甦らせる呪術などというものが現実にはあり得ないことは、私たちは認識している。しかし実は、ほんの少し前まで、確実には一九世紀末頃までは、西洋でも東洋でも可能だと信じられていた（今では、別の方向からのアプローチによって可能性を探求している人々が世界各地にいるようだが）。本書第3章ですでに紹介したが、ヨーロッパの錬金術、シナの煉丹術こそは、その証しである。人類というものは、最後にはそこへ向かうのだ。

ヤマトタケルは偉大な呪術者であったが、蘇生術を信じていたかどうかはわからない。ただ、朝廷ともどもその共同幻想を利用して、いったん死んだことにして、蘇生したかのように装い、特別な存在へと変換したということであるだろう。

ヤマトタケルは、尸解したのではなく、尸解という共同幻想を利用したのだ。シナでは剣を身代わりに残し、死せずして本人は他所へ遷るという手法であったが、ヤマトタケルは装束のみを残して白鳥に化身して昇天したこととした。

そして、本人はまったく別の場所に別の名で出現しているに違いない。その有り様はさながら死者復活すなわち蘇生のようでもあった。


ヤマトタケルの死について、右に記した以上の記述は記・紀いずれにもないが、尸解の論理に従えば、ヤマトタケルは尸解して仙人になった（尸解仙になった）ということになる。

これを和語に置き換えると「現人神《あらひとがみ》」になったとも解釈できるかもしれない。あくまでも概念上の仮説であるが。

すでにヤマトタケルの段の初期において、今上天皇（景行帝）をヤマトタケルみずからそう呼んでいる。ただし、ここにいう現人神は、死して蘇生したものではなく、生きて神となることである。これは、尸解仙の概念ときわめて近い。


以下は『日本書紀』の「日本武尊、蝦夷征服の段」である。


蝦夷の賊首である嶋津神《しまつかみ》と国津神《くにつかみ》らは、竹水門《たかのみなと》で防衛しようとしたが、遥かに王の船を見て、その威勢に恐れをなし、勝ち目なしとして、悉《ことごと》く弓矢を捨てて、望んで拝礼して言った。

「お姿を仰ぎ見るに、およそ人に秀でておられる。もしや神であられようか。姓名をお聞かせいただきたい」

王は応えて言った。

「私は現人神《あらひとがみ》の子である」

すると蝦夷等はことごとく恐れ慄《おのの》き、即座に衣服の裾をたくしあげて波を被い、王船の着岸をすすんで手伝った。さらには自ら逮捕されて罪に服したので、その罪を許し、蝦夷の長らを俘囚として従わせた。


なお、このくだりは『古事記』にはないことから、「現人神」という思想そのものはすでに古くからあったとしても、呼称は七一二年から七二〇年の間に出来上がったものとも考えられる。具体的に体系化したのは天武天皇であるから、呼び名自体もその際に発案されたものだろう。

もしかすると、現人神の概念は、尸解仙からの発想かもしれない。なにしろ、現人神を発案した天武天皇は「天文遁甲にすぐれていた」と『日本書紀』の冒頭に記されるほどの人物であったくらいである。であれば、当然のこととして尸解仙の知識もすでにあったに違いない。


ところでヤマトは、古代道教の移入以後、仏教や儒教などありとあらゆる文化思潮をシナから採り入れてきた。

しかしながら、決して輸入しなかったものもある。たとえば「宦官《かんがん》」と「纏足《てんそく》」は金輪際、真似することはなかった。

宦官とは、去勢をおこなった官吏である。男性性器と陰嚢を切り取ることによって、宮廷（とくに後宮）に仕えることが許された特異な官僚である。

纏足とは、少女の足首から先を堅く包んで成長しないように固定したもので、女性を性具として育てた。

これらの「奇形」を、ヤマトは好まなかった。奇形というものに対する民族性の違いであろうか。

そしてそういったものの一つに「不老不死」もあった。

生命は有限であるという事実、つまり、人間は誰もがいくら長くとも百年程度生きた後には必ず死ぬという事実は厳然として存する。これを否定する方法が「不老不死の妙薬（丹）」であり「尸解仙」である。いわば「死の奇形」である。死なない人間となるのが、シナにおける最後の夢であったのだ。

これに対して、ヤマトでは不老不死を求めなかった。それはあくまで「神の領域」であって、人間が求めるべきものではないと考えていたのであろう。『竹取物語』においても、物語の最後の段において、かぐや姫がわが身の代わりに置き土産としたのが「不老不死の妙薬」であった。しかし時の天皇はこれを誰にもふれさせず、不二山頂で燃やすよう側近に命じた。以後、山頂からは消えることなく煙が立ち上っていたという。

このように、ヤマトにはシナと共通する文化も多いが、けして受容しなかったこともいくつかあった。これには民族の体質的な相違も寄与しているだろう。ヤマトでは、死なないのではなく、生きながらにして神となること、すなわち「現人神」を最終的な答えとして選んだが、これがシナとの根本的な違いである。

ただ、不老不死や尸解仙はまぎれもなく呪術であるが、実は現人神も究極の呪術である。つまり、呪術によってそれぞれが何を求めているかということが、ここに端的にあらわれているということになる。一般にシナは「神話なき国」と言われるが、正しくは「信仰なき国」であろう。かたやヤマトは「信仰篤き国」である。信仰のない民族はどこまでも人間にこだわり、それが生きながらにして不老不死となる仙人を目指す。信仰をもつ民族は、人間とは次元の異なる神を敬い、それが現人神という概念を生んだのだろう。

ヤマトタケルは、「現人神の子」から、次の段階に向かったものであるだろう。

ヤマトタケルの陵墓についてのカオス

ところで、ヤマトタケルの遺骸は本当に消えたのだろうか。それとも、死去したというのは虚偽であったのだろうか。

ヤマトタケルの死後について『日本書紀』には次のように記されている。

そして、群卿に詔《みことのり》し百官に命じて、伊勢国の能褒野《のぼの》陵《みささぎ》に埋葬した。

ところがその時、日本武尊は白鳥に化身し、御陵から出て、倭国《やまとのくに》を目指して飛んで行ってしまった。

群臣たちが棺を開けてみると、清らかな衣服だけが抜け殻のように残り、屍骨はなかった。

そこで、使者を遣わして白鳥を追わせたところ、白鳥は倭の琴弾原《ことひきのはら》に停まったので、そこに御陵を造った。

白鳥は更に飛んで河内に至り、舊市邑《ふるいちのむら》に留まったので、ここにもまた御陵を造った。

そこで時の人は、この三つの御陵を名付けて白鳥陵《しらとりのみささぎ》と呼んだ。

そして遂に、白鳥は天上へと高く翔け上り、ただ衣服と冠だけが葬られた。

ここに、日本武尊の功名を伝えようとして、武部《たけるべ》を定めた。
この年、天皇が即位して四十三年であった。

なお、前述したように、『古事記』には「死んで、白鳥に化身した」とあるのみで、それ以上の記述はない。

この『日本書紀』の記述に基づいて、いくつかの墳墓がこれまでに候補地として比定されてきた（当て嵌められてきた）。

どのみち「遺骸は消えた」と国書『日本書紀』に記載されているので、どれが本物の墓であるかを特定してもあまり意味はないだろう。最初から棺桶には衣冠しか納められていないと公式に表明されているのであるから、むしろその候補地にもしも遺体が埋葬されていたなら、それは別人の墳墓ということになる。

さらに、もし候補地のすべてに遺体が埋葬されていたなら、候補地はすべて別人ということになるだろう。

つまり、どの陵墓にも遺骸はなく、たぶん最初の能褒野陵にのみ「衣冠」が埋葬されていることになるはずである。あるいは、他の墳墓にもこの記述に基づいて形代として衣冠が調達されているかもしれない（私はそれでよいと思っている）。

現実的にはこれらの発掘調査はできないので（とくに能褒野王塚古墳は宮内庁書陵部によって管理されている皇族墳墓であるため）、ほぼ永遠に発掘はないだろう。

なお、宮内庁によって認定されているヤマトタケルの陵墓は三基ある。

最終的に戦前の宮内省によって治定されたのが以下の三箇所と武部《たけるべ》である。

▼**能褒野墓**《のぼののはか》（三重県亀山市田村町）別名　能褒野王塚古墳《のぼのおうづかこふん》　丁字塚《ちょうじづか》

明治十二（一八七九）年に治定。前方後円墳。

神社は能褒野神社。

▼**白鳥陵**《しらとりのみささぎ》（奈良県御所市富田）別名　琴弾原白鳥陵（日本武尊陵）

『日本書紀』で白鳥が最初に飛来した琴弾原《ことひきのはら》。

古くは権現山・天王山とも称された、墳丘長四五メートルの方墳。

神社は造られていない。

▼**白鳥陵**《しらとりのみささぎ》（大阪府羽曳野市軽里）別名　軽里大塚古墳（日本武尊白鳥陵）

『日本書紀』で二番目に飛来した奮市邑《ふるいちのむら》。

墳丘長一九〇メートルにも及ぶ前方後円墳（＊埼玉県の稲荷山古墳が一二〇メートルであるから、かなりの規模）。

神社は造られていない。

景行天皇がヤマトタケルの功名を讃えるために定めた武部《たけるべ》（軍事部）に創建された神社。

▼建部《たけべ》大社《たいしゃ》（通称　たてべさん）滋賀県大津市神領　＊詳細は後述。

ヤマトタケルの墓の候補地は長年にわたり諸説あって定まらなかったが、明治時代に入ってようやく宮内省によって治定された。ただし、考古学上の発掘や、新たな知見が見出されたわけではなく、他の多くの天皇陵と同様に比定したものである。

そもそも神社とは、そこに祀られている主祭神の陵墓に建てられていることが少なくない。神社が高台にある場合は、そこは陵墓の真上であろうし、山麓にある場合は背後の山が陵墓であって、神体山とされている場合がけっこうある。

その形で考えるなら、ヤマトタケルの祀られている神社のいずれか、多くの場合は本宮か奥宮、元宮とされている神社がこれに当たるはずである。「ヤマトタケルの遺骸は消えた」とされているので、それを根拠とする訳にはいかないが、能褒野墓については様々な〝状況証拠〟は見出せる。

第一に所在が能褒野であること（他の地名の候補地は除外）。

第二に前方後円墳であること（墳丘長九〇メートルは初期の前方後円墳としては最大規模）。

第三に少なからぬ倍塚《ばいちょう》が存在すること（皇太子という地位に相応しい埋葬様式）。

これらの条件によって、埋葬墓はあらためて治定された。能褒野神社はその地に創建されることとなった。

▼能褒野《のぼの》神社　三重県亀山市田村町

【祭神】日本武尊　（配祀）弟橘姫命　建貝兒王《たけかいこのみこ》

本来、景行天皇の詔によって、死後ただちにこの地に埋葬されたと『日本書紀』に録されている。しかしながら、中世以降の相次ぐ戦乱によってこの地も荒廃し、尊の陵墓そのものも定かではなくなった。以後、いくつかの説が出されるものの、定まらぬまま明治に至り、規模等からようやくこの墳墓を御陵として治定したものである。その後、地元の有志によって神社創建を企図。

「明治十六年、神宮祭主久邇宮朝彦親王より、能褒野神社と社号の選定ありて、翌十七年三月十日、御陵の傍に創立の許可あり、社殿境内の新設に着手した。明治二十八年、その業ようやく終り、時の神宮祭主、賀陽宮邦憲王殿下より御霊代を納めまつらんとの御沙汰を蒙り、伊藤宮司及び惣代二名が殿下に親謁し、御手づから御神体を頂いて帰り、御鎮座祭を行った。」（「由緒」記）

つまり、明治二十八年に初めて社殿が竣工なった神社である。

その死を悼んで創建された「ヤマトタケル神社」は、能褒野を筆頭にその後全国各地に創建されるが、父・景行天皇が公式に建設したのは建部大社（滋賀県大津）であった。その経緯が『日本書紀』に明記されている。

そして遂に、白鳥《しらとり》は天上へと高く翔け上り、ただ衣服と冠だけが葬られた。

ここに、日本武尊の功名を伝えようとして、武部《たけるべ》を定めた。

この年、天皇が即位して四十三年であった。

▼建部《たけべ》大社《たいしゃ》（通称　たてべさん）滋賀県大津市神領

【祭神】日本武尊　（配祀）天照皇大神　大己貴命

近江国一宮であり、官幣大社である。

「当社は古来建部大社、建部大明神などと称え、延喜式内名神大社に列し、又近江国の一之宮として朝野の崇敬篤く、長い歴史と由緒を持つ全国屈指の古社である。」

と「由緒」に記す通り、創建の由来はもちろんのこと、年代までが『日本書紀』に明記されているのは稀有なことである。景行天皇・ヤマト朝廷が、ヤマトタケルをいかに重要視していたかを示唆する象徴的な事例であろう。

明治時代となっても、ヤマトタケル尊崇の方針はなお高まって、終戦時まで当社は特別な位置付けにあった。

日本武尊と建部大社を描いた千円札
（終戦直後の昭和二十年八月に発行された最高額紙幣であり、初の千円紙幣。千円の金貨と交換すると明記されている日本で最後の兌換紙幣でもある。すでに終戦前に印刷は終わっていたはずで、敗戦色濃厚な日本を建て直すために、ヤマトタケルの力を借りようという思いがあったのかもしれない。）

▼大鳥《おおとり》神社（通称　大鳥さん、大鳥大明神、大鳥大神宮《おおがみのみや》、大鳥大社）大阪府堺市鳳北町

【祭神】日本武尊　大鳥連祖神《おおとりのむらじのおやがみ》

第1章で紹介したように、全国各地に鎮座する大鳥神社・鷲神社などの「鳥」神社の総本社である。名神大社であり、和泉国一宮ともされていて、社格の高さからいつの

堺市の大鳥神社（戦前の絵葉書）

頃からか総本社とされるようになった。

社伝によれば、ヤマトタケルが化身した白鳥が、最後に舞い降りたところに社殿を築造して尊を祀ったのが起源であるとしており、『日本書紀』では奮市邑《ふるいちのむら》では奮市邑を飛び立った後は天高く飛び去ったことになっているが、その後最後に舞い降りたのが当地であると伝えられる。神域となっている森は「千《ち》種《ぐさ》の森」と称し、白鳥が舞い降りた際に、一夜にして樹木が生い茂ったと伝えられる。

ただし、当社が日本武尊を祭神として増祀することの許可を得たのは昭和三十六年のことである。

もともと長期にわたって日本武尊を祭神としてきたが、明治二十九年（一八九六）に政府内務省の祭神考証の結果により、大鳥連祖神に祭神を変更していた。以後、指示のままに大鳥連祖神のみを祭神としてきたが、昭和三十六年に日本武尊を増祀し、現在に至っている。

すなわち元は大鳥氏の氏祖を祀る古社であって、全国すべての白鳥社よりはるかに古い起源を持つ神社であるが、大鳥という神名との共通がもたらした変遷習合であろう。

とはいえ、すでにして全国の大鳥神社の総本社であることは事実であって、その崇敬に変わりはない。日本屈指の古社であり（ヤマトタケルを祀る神社では最古）、まぎれもない大社である。ヤマトタケルは、当社に祀られるべくして祀られたものということであろう。

以上のように、ヤマトタケル神社は由来や比定により近年ここまで絞り込まれてきているが、いずれにしてもこれらすべての神社およびその神奈備《かんなび》や神籬《ひもろぎ》にヤマトタケルの遺骸はないわけであるから、現人神を祀った人代以降の神社としては例外の一つである。

ちなみに、天皇およびそれに準ずる皇族を祀った神社・陵墓において、当人の遺骸が祀られていないと歴史書に記されているのは、ヤマトタケルと天智天皇のみである。

「ワ」から「ヤマト」へ

神社には様々な役割があるが、創建された時代によってもその存在意義が異なるのは当然である。なかでも最も古い時代に創建されたものは、本書の第1章でも簡単にふれたが、「ヤマト朝廷の版図を示す刻印」であった。ヤマトタケルの東征は、その刻印を東国各地におこなうためのものであったと捉えて誤りではないだろう。

ということは、ヤマトタケル伝説そのものが、ヤマト朝廷の政治的確立のための広報であって、景行天皇の皇太子として小碓命が実在したことと、ヤマトタケル伝説とは直接重ならないと考えるのが妥当であろう。むろん実在したヲウスがスーパーマンであったはずはなく、もしかすると病弱で、早世したのもそういった元々の体質ゆえであったのかもしれない。ヲウスには複数の后もおり、それぞれに子孫がその後も続いている。

そしてヲウスが、いわば「化身」したヤマトタケルというスーパーマンは、ヲウスのいないところでも大活躍することとなった。

第2章で述べたようにヤマトタケルを名乗った者は複数いて、彼らが同時代に別々に活動したことの成果がヤマト朝廷の基盤を形成したが、すぐに遺骸のない「昇天」をさせることによって、その正体を隠した。ヲウス（小碓）は実在したが、ヤマトタケルという個体は実在しない、一種の複合体であった。

ヤマトタケルには、もともと夜麻登多祁流という口語があって、これに『古事記』では倭建命の漢字を充当したが、『日本書紀』では新たに日本武尊の漢字を当て嵌めた。『古事記』の表記を『日本書紀』で変更したのには、二つの理由がある。

第一は、「ヤマト」の表記である。「倭」という漢字は、漢音では「ワ」と発音し、小さく醜いという意味で「卑字」である。漢字を意味を無視して借用している分には問題はなかったが、文書化すると、それが見えてしまう。「倭朝廷」では文字記録として相応しくないので、「倭」を「和」に置き換えて、さらに「大」の形容を乗せて「大和」という和風漢語を造った。これで「ヤマト」と読ませる。したがって「大和」も当て字である。いうまでもないことだが「大和」と書いて「ヤマト」とは決して読まない。無理に読めば「だいわ」か「おおにぎ」であろう。

ちなみに『万葉集』では「夜麻登」等々——のように万葉仮名を当てている（多種あり）。『万葉集』の個々の歌の年代は判然しないが、『万葉集』そのものの成立年代から考えると、日本人は漢字の意味を認識し始めていたと思われる。そしてその上で音が似ていて意味に齟齬のない文字をピックアップしていたのであるだろう。

『古事記』においてはヤマトの万葉仮名表記は「夜麻登」で統一されている。

『日本書紀』においては以下の十種が数えられる。——「耶馬騰」「椰磨等」「夜摩苔」「夜莽苔」「揶莽等」「野麼等」「野麻登」「野麻等」「耶魔等」「野麻騰」（万葉仮名表記に限ってのもの。「日本」と書いて「ヤマト」と訓読するのは万葉仮名の「一字一音」の原則と異なるため除外)。『日本書紀』は漢文体を採用しつつも、固有名詞の最たるものである国名を表記するのに右往左往しているかのようだ。しかしいずれも原音が「ヤ・マ・ト」であることだけは紛れもない事実であると判然する。

つまり「記紀」の時代にはまだ「大和」という表記がなかったということであろう。「ヤマト」の表記を古いものから順番に挙げると、

「夜麻登(万葉仮名全般)→倭→日本→大和」

となる。「邪馬臺」も「邪馬壹」も、「夜麻登(万葉仮名全般)→倭」時代のシナ側表記と理解すべきだろう。つまり「大和」はかなり新しい。

「倭人」「倭国」とシナの古文献で表記されてきた「ワ」の音は、「和」を重要課題とするヤマトの思想によって「和」に置き換えられることになった。さらに「大」という形容を加えて「大和」という表記が生まれた(元明天皇の勅令により地名は好字を二字とすることが定められた＝諸国郡郷名著好字令)。以来、もっぱら「和」の字をもって表現されるようになり、私たち現代人も、「日本的」という意味を表現するのにほとんど「和」の字をもっておこなっている。たとえば、「和風」「和製」「和服(呉服という言い方があるが、これは文字通り「呉の服(である)」等々。

ただ古代日本語の「ワ」という音に、もともと「和」という意味があったかといえば、私はこれは「あとづけ」ではなかったかと考えている。「和合する」という意味を表現したいがための選字・当て字であったのではないだろうか。

それではもともとの「ワ」という言葉は何か。もし最もふさわしい漢字で本来の意味を体現させるなら、「ワ」は「輪」であろうと私は考えている。ぐるりと回って起点につながる、だから「輪」であり、これはすなわち「よみがえり」の構造である。

ということはヤマト朝廷が拠点としていた三輪山の「三輪」は「三つのよみがえり」と解釈できる。その「よみがえり」を祈願して祀られたものかもしれない。

ちなみに埼玉県の奥秩父に鎮座する三峯神社も三輪鳥居である。その公式の由緒には大神神社との関連はなんら見出せないが、無関係とは思えない点がいくつかある。「三峰」という名称も、「三つの峰」という地形から単純に採ったとされているが、その周囲のどこを見ても象徴的な「三つの峰」は見当たらない。私は「三座」つまり「三神」の「三つの磐座《いわくら》」を表わしているのだと考えている（「三輪」にならっての命名とも考えられる）。祭神はイザナギ・イザナミの二神とされているが、これも「よみがえり」の生みの親である二神を祀ることで、本当の祭神を隠すものではないだろうか。

また、三峯神社に独特のものに「眷族」（神徒）があり、大口真神《おおぐちまがみ》と称している。これは狼である。オオカミが神の使い、すなわち眷属となったのは、ヤマトタケルが山中で道に迷った際に必ず現れて導いたことに発している。「よみがえり」および「むすひ」は、ヤマトタケルが死して白鳥に化身したことを想起させる。

なお、西方から伝えられていた言語でヤマトを意味する「ジパング」という呼び名の漢字「日本（ジッポン）」を国名として採用し、これをして「ヤマト」と読ませることとした。

そして第二は、「タケル」の表記である。「建」という漢字は、漢音では「ケン」であって、建国・建設など始まりを象徴的に表現するが、ヤマト朝廷はすでに長くこの国に君臨しており、不適当である。

そこで、「武」とすることとした。これは武力・武人・武器を表すことで、本来の呪術を覆い隠すことができる。呪術は密かにおこなうものである。

このような次第によって、「倭建命」は、「日本武尊」になった。

「倭」のわが国における寿命は、わずか八年であった。『古事記』で気付いて、『日本書紀』で改めたということである。

ヤマトタケルは伝説によってヤマト朝廷を体現したのみでなく、その名前の表記によっても新たな国作りに大きく貢献したのである。

なお、現実的な考察に徹するなら、埋葬した後で衣冠のみを残して遺骸が消え失せるなどということはあり得ないわけであるから、論理的には「死んでいない」ということになる。『日本書紀』編纂の時代（七二〇年）であるから、国家の公式文書に「棺の中には衣冠のみが残されていて、遺骸は消え失せていた」などと記述できるし、これを「尸解」に装って、あたかもヤマトタケルが仙人か天人にでもなったかと思わせるように仕組んだとしても何ら支障はないだろう。

しかし、これは朝廷による政治的方便であるだろう。国内はほぼ平定したとなれば、次はさしずめ外交上の極秘の任務に就くためであろうか。これに似たような事例は、わが国の長い歴史の中にはいくつか見られるし、あり得ない話ではないだろう。白鳥となってよみがえることで果たされる次の使命は「新たな版図」を開拓することであろうか。

ちなみに東洋学者の白川静はこう述べている。

「たとえば三輪山ならば三輪山には三輪の神がおる。この三輪山の祭祀権を掌握すれば、その三輪信仰を持つ所の三輪族全体を支配することができる、というふうになるんです。これが『まつりごと』です。つまり祭りを施行するということが『まつりごと』になる。」

ヤマトタケルの役割は、この「祭祀権」を奪取することであった。これこそがヤマト朝廷の戦争であり、征討の本質である。敵対する相手を殺害して征服するのではなく、ヤマト朝廷の祭祀の中に取り込んで、彼らをも大和民族の一員とすることである。これが「まつろわぬ者」を「まつろう者」となすことである。

死と復活

全国を布教活動、教化活動して行脚したヤマトタケル。使命を果たして、尾張で美夜受比売《みやずひめ》を娶《めと》った直後に、病に倒れる。伊吹山の神を退治しようと山中へ入るが、これは本来の役目とは無関係で、しかも守護剣を持たずに素手で対決しようとする。まるで自殺志願かと思わせるような成り行きである。

そして期待通り、神罰を受け、短時間で重病状態に陥る。

『古事記』の、ヤマトタケルの最後のシーンには次のように記されている。能煩野《のぼの》（三重県亀山市）に到った倭建命は、いわゆる「国偲び歌」を詠んで亡くなる。これを読む者をして、その死に立ち会ったかのように思わせる心情溢るる記録である。

さらに進んで、能褒野《のぼの》に至った時に、国を偲んで歌った。

「倭《やまと》は　国のまほろば　たたなづく　青垣　山隠れる　倭し　うるはし」

（大和は高く秀でた国だ　重なり合う青々と繁る垣や山に囲まれて　大和こそは美しい）

また歌って言った。

「命《いのち》の　またけむ人は　たたみこも　平群《へぐり》の山の　熊白檮《くまかし》が葉を　髻華《うず》に挿せ　その子」

（命の先のある人は真菰《まこも》の敷物のような平群の山の　樫の木の葉を簪《かんざし》にせよお前たちよ）

この歌は、国偲び歌である。また、こうも歌った。

「はしけやし　我家《わぎへ》の方よ　雲居立ちくも」

（なつかしい　わが家のほうから　雲が湧いているではないか）

この歌は片歌である。この時に病が急変し危篤となった。それでも、歌を詠んだ。

「嬢子《をとめ》の　床のべに　わが置きし　剣《つるぎ》の大刀《たち》　その大刀はや」

（美夜受比売の床のあたりに置いてきた草薙の刀剣《つるぎ》　ああその大刀はどうしているだろう）

歌い終わるやいなや、命《みこと》は崩御した。

ところが『日本書紀』には、これらの記述がまったくない。

棺の中の様子や、白鳥が飛んで降り立った複数の場所まで記録しているのに、なぜか国偲び歌の影も形もない。

しかし『古事記』には、逆に『日本書紀』に記された棺の中の様子や、白鳥が舞い降りた場所などの記述はまったくない。

この違いは、何を意味しているのだろう。

しかし、この死は架空のものである。ヤマトタケルを装って活動した「存在」は、一括して能褒野で死んだことにされた。その中に、もちろんヤマトタケル本人＝ヲウスも含まれている。

『古事記』には、こう記されている。

ところが白鳥は、またそこからさらに天に舞い上がって何処かへ飛んで行った。

『日本書紀』には、こう記されている。

そして遂に、白鳥は天上へと高く翔け上り、ただ衣服と冠だけが葬られた。

しかし当人は、ふたたびヲウス（小碓命）として蘇る。

死者を甦らせる呪術などというものがあり得ないことは、私たちは認識しているが、かつてはできると信じられていた。その共同幻想を利用して、いったん死んだことにして、蘇生したかのように装い、特別な存在へと変換したのがヤマトタケルである。
ヤマトタケルは、尸解したのではなく、尸解という共同幻想を利用したのだ。シナでは剣を身代わりに残し、死せずして本人は他所へ遷るという手法であったが、ヤマトタケルは装束のみを残して白鳥に化身して昇天したこととした。そして、本人はまったく別の場所に別の名で出現している。その有り様はさながら蘇生のようでもあり、死者復活のようでもあった。
もともとヤマトタケルという名は抽象名詞のようなものであるとすでに何度か指摘したが、ほとんどの人々が本当の「顔」を知らない時代であるから、誰が名乗ってもそれなりに収まり、いつ消え去っても実体は別の名あるいは本来の名になればよい。

そして、まったく新たな使命に邁進すれば、そちらでも先入観なしに活躍できることだろう。

白鳥が飛翔して次に降り立ったのは、「新羅」であろうと私は推測している。後に「三韓征伐」と呼称されるものである。三韓とは、辰韓（後の新羅）、馬韓（後の百済）、弁韓（後の任那・加羅）のことで、朝鮮半島南部域である。日本式の巨大墳墓・前方後円墳が唯一残っている地域である。


呪術の尸解に見えるように死を装ったのは、ヲウスに戻って新たな使命を果たすためである。その使命は、成功すれば皇太子すなわち皇位継承者として公表できるが、もし失敗した場合には、天皇とは無関係であるとするためである。

ただ、この使命を果たすために今度はヤマトタケルに代わる如何なる名前を名乗ったのかは、不明である。

ヲウスは吉備武彦を伴って、シラギへ渡海した。これが「白鳥（シラトリ）への化身」に託された暗喩である。

あとがき――寓意

小碓命《をうすのみこと》は実在したが、一個人としてのヤマトタケルは実在しないと、本書は、ほぼ全編を通じて表明した。実像と虚像は、背中合わせのものであるから、芯の部分で密着しているが、個々に眺めるとまったく異なるものが見えてくる。

その中でも、いわゆる「ヤマトタケル伝説」の意義については、実は一章を割くまでもない。以下の小文で事足りるだろう。

すなわち、ヤマト朝による全国制覇の「宣言」である。

すなわち「弥生による縄文の制圧完了」というわかりやすいプロパガンダであろう。

これを「ヤマトタケル」を名乗る「ヲウスノミコト」によって成し遂げさせたのは、稲作文化の象徴たる「うす（臼）」によって、狩猟文化たるクマソ・イヅモ・エゾ等を制圧したという意味の寓意であって、これは一種の寓話仕立てとなっている。

だから漢字の「小碓」に惑わされてはならない。

正しくは「御臼」であろう。

政治的かつ文化的征服を直接表現するのではなく、物語という受け入れやすい形で広報したものである。

そしてその結果は、現在の日本人のほぼすべてが認知していることからも大成功を収めたということになるだろう。

繰り返すがヤマトタケル伝説とは、弥生が縄文を制圧する物語、寓話であり、ある種の御伽噺である。

したがって、主人公のヤマトタケルも、寓意の象徴として造形されたもので、ヲウスノミコトの実態と必ずしも一致するものではない。それについては本書本文において逐一解説してきた通りである。ただし、ヤマトタケルという、いかにも架空の名前を体現している人物、およびその名によって歴史に刻まれた事件の多くは、決して架空でないこともすでに記した通りである。


なお、巻末の資料篇、記・紀のヤマトタケルの段の現代語訳は、それぞれ原文に忠実な直訳をベースとしているが、理解しやすくするために戸矢の責任において一部は意訳としている。ご理解いただきたい。

また、一読されれば判然とすることであるが、記・紀ともに大筋では似ているものの、決定的に異なるのはヤマトタケルの性格とヤマト朝廷における位置付けである。

秘史である『古事記』では人間的な悲劇のヒーローとして日本人好みに描かれているが、正史である『日本書紀』では皇太子として崇敬に値する非の打ち所のない人格者として描かれている。

さほど長い文章でもないので、ぜひ読み比べて考えてみていただきたい。

『古事記』と『日本書紀』が同時代に成立していることについて、共に存在理由があったのだと、多くの人が必ず結論するはずである。

令和三年初秋

戸矢　学

天皇紀	皇紀	西暦	関連事象	備考
崇神天皇X年			倭彦誕生（垂仁天皇の同母弟）	
68年	631年	BC30年		崇神帝120歳没
垂仁天皇元年	632年	BC29年		
17年	648年	BC13年	景行天皇（オオタラシヒコ）誕生	
99年	730年	70年		垂仁帝140歳没
景行天皇元年	731年	71年		
13年	743年	83年	小碓＝ヤマトタケル誕生？	命／1歳
30年	760年	100年	ヤマトタケル、熊襲・出雲等を討伐	命／16歳
40年	770年	110年	命、征夷大将軍（初代）に任命され東征出発。	命／26歳？
			命、神宮参拝。倭姫より草薙剣と御嚢を賜る。	
			命、駿河にて、火打石・草薙剣で難を逃れる。	命／27歳？
			相模にて弟橘媛身代わり入水。	
41年	771年	111年	命、陸奥国にて蝦夷を征服。	命／28歳？
			命、甲斐国・酒折宮にて歌を詠み東を「吾妻」と名付ける。	
42年	772年	112年	命、信濃にて白鹿を殺す。	命／29歳？
			命、尾張にて宮簀姫を娶る。	
			命、伊吹山にて神威に打たれる。	
43年	773年	113年	命、能褒野にて病没。	命／30歳
			小碓＝ヤマトタケル、新羅征討＆任那ヤマト国府創設	
60年	790年	130年		景行帝143歳没
成務天皇元年	791年	131年		
60年	850年	190年		成務帝107歳没
仲哀天皇元年	852年	192年		
9年	860年	200年		仲哀帝52歳没
神功皇后	861年	201年		
			小碓の孫、応神天皇（ホムタワケ）誕生	
応神天皇元年	930年	270年		

ヤマトタケル関連年表

＊年代および年齢は記・紀等にもとづいた仮説であって、あらためて検証が求められる。

主な参考資料（順不同）

『古事記』国史大系　吉川弘文館　二〇〇二年
『古事記伝』本居宣長　岩波書店　一九四〇年
『古事記』西宮一民校注　新潮社　一九七九年
『日本書紀』国史大系　前編・後編　吉川弘文館　二〇〇〇年
『日本書紀私記』国史大系　吉川弘文館　二〇〇三年
『日本書紀（全5巻）』ワイド版岩波文庫　二〇〇三年
『日本書紀（上下）』全現代語訳　宇治谷孟　講談社学術文庫　一九八八年
『記紀歌謡集』武田祐吉校注　岩波文庫　一九八四年
『風土記』吉野裕訳　東洋文庫　平凡社　一九六九年
『式内社調査報告』全24巻＋別巻　式内社研究会編　皇學館大学出版部　一九七六－九五年
『日本の神々　神社と聖地（全13巻）』谷川健一編　白水社　一九八四－八七年
『神々の系図（正・続）』川口謙二　東京美術　一九八〇・八二年
『常陸国風土記』秋本吉徳訳注　講談社学術文庫　二〇〇一年
『出雲国風土記』沖森卓也・佐藤信・矢嶋泉　山川出版社　二〇〇五年
『大神神社』中山和敬　学生社　一九七一年
『官幣大社　氷川神社志要』官幣大社氷川神社御親祭五十年祝祭奉斎会　一九一七年
『埼玉の神社――北足立・児玉・南埼玉』埼玉県神社庁神社調査団　埼玉県神社庁　一九九八年
『埼玉縣の神社』埼玉県神職会編　国書刊行会　一九八四年
『武蔵国と氷川神社』西角井正文　岩田書院　一九九七年
『埼玉県社寺宗教備忘抄録』大日本神祇会埼玉県支部　一九四二年
『憑霊信仰論』小松和彦　講談社学術文庫　一九九四年

『石上神宮宝物誌』石上神宮編　一九三〇年
『石上神宮文化財』奈良県教育委員会編　石上神宮社務所　一九六二年
『石上神宮宝物目録』石上神宮社務所　一九七四年
『石上神宮の七支刀と菅政友』藤井稔　吉川弘文館　二〇〇五年
『熱田神宮』篠田康雄　学生社　一九六八年
『古代刀と鉄の科学』（考古学選書）石井昌国・佐々木稔　雄山閣出版　一九九五年
『有職故実図典』鈴木敬三　吉川弘文館　一九九五年
『全国神社祭祀祭礼総合調査』神社本庁
各神社由緒書

＊

なお、本書第三章は、拙著『三種の神器』（河出文庫）の第二章「草薙剣」より一部を抜粋・補筆している。より詳細な論考は同書を参照されたい。

その他、多くの図書資料、映像資料等を参考としており、各々の著者・編集者に、ここにあらためて謝意を表する。
なお、本文中に引用されている記・紀をはじめとする古文献の書き下ろし文および訳文は、とくに但し書きのない限りすべて本書著者・戸矢によるもので、文責は同人に帰するものである。

【資料編・1】

『古事記』「倭建命」の段全文

現代語訳・戸矢 学

（朝廷）

景行帝が小碓命《をうすのみこと》に言った。

「どうしてお前の兄は朝夕の食事にも出仕しないのか。お前ひとりで行って、教え諭せ」

と。しかしこのように仰せられてより五日経ったが、なお出仕しなかった。そこで、天皇は小碓命に問うた。

「どういうわけで、お前の兄は長い間出仕しないのか。もしやまだ教え諭していないのか」

御子は答えて言った。

「すでにねぎらいました」

「どのようにねぎらったのか」

「明け方に厠へ入った時に、待ち伏せして摑み捕らえて、その手足をもぎ取って、薦《こも》にくるんで投げ棄てました」

天皇は御子の建《た》けく荒き情を恐れてこう命じた。

「西に熊曽建《くまそたける》という者が二人いる。これらはわれらにまつろわず礼もない者どもである。その者どもを討ち殺せ」
と勅命して派遣することとした。この時に際して、小碓命は少年の髪型から、額で結い上げる成年の髪型になった。そして姨《おば》・倭比売命《やまとひめのみこと》の衣装をもらい、剣を佩《は》いて出立した。

（熊襲）

熊曽建の家へ到着して辺りを見ると、家の周囲は軍隊によって三重に取り囲まれ、新たな屋敷を設置してそこにいた。新築落成の祝宴だということで酒食の準備に騒がしかった。そこで、命はその騒ぎに紛れ込んで徘徊し、祝宴の日を待った。

そしていよいよ祝宴の日に臨んで、童女《をとめ》（巫女）の髪のように額に結った髪をくしけずって垂らし下げて、準備してきた姨の衣装を着て、すっかり童女の姿に変装して、女たちの中に紛れ込んで、その屋敷の内に入った。

すると、熊曽建兄弟《はらから》二人が、そのをとめを見染めて、自分たちの間に座らせて盛んに手拍子をして宴を盛り上げた。

その宴がたけなわとなった時、命はすかさず懐中から剣を取り出して、兄の熊曽の衿をつかんで剣を胸から刺し通した。弟建《おとたける》は、これを見て恐れて逃げた。即座に追いかけて、地面に降りる寸前で背中の皮をつかんで、剣を尻から刺し通した。すると、弟建が言った。

「その刀をどうぞ動かさず、お聞き下され」

そこで命はしばし手を止め、押し伏せたままにした。

「あなたは何者ですか」

そこで小碓命は言った。

「われは、纏向《まきむく》の日代の宮に坐す大八島国知らしめす大帯日子淤斯呂和気天皇《おおたらしひこおしろわけのすめらみこと》の御子、名は倭男具《やまとをぐ》那《な》の王《おおきみ》である。帝が貴様ら熊曽建二人が、朝廷にまつろわず非礼であるとお聞き及びになられ、『貴様らを殺せ』と仰せになってわれを遣わされたのだ」

すると熊曽建が言った。

「まことに仰せの通り。西方にはわれら二人を措いて強き者はおりません。しかしながら大倭の国には、われら二人に勝る強き男がおられた。そこで、私は御名を献《たてまつ》りたい。今より後は、倭建の御子とたたえましょう」

と言い終わるなり、命は熟した瓜を切るように折《さ》いて殺した。

この時より、命を称揚して倭建命《やまとたけるのみこと》と言うようになった。

そして都へ帰還する途次、山の神、河の神、穴戸（港）の神を、すべて言霊で従えた。


（出雲）


上京の途中、命は出雲に立ち寄った。その地の出雲建《いずもたける》を殺そうとの考えで、彼の家に到着すると、まずは友として交わった。

そして、命は赤檮《いちい》の木で偽の刀をひそかに作り自分の佩刀とし、一緒に肥の河へ水遊びに出かけた。

命は先に河から上がり、出雲建が外しておいた横刀《たち》を腰に着け、

「刀を交換しよう」

と言った。すると出雲建は河から上がって、倭建命の偽の刀を腰に着けた。

「さあ、立ち合おう」

と倭建命が挑んで言った。そしてそれぞれが刀を抜こうとしたが、出雲建は偽りの刀なので抜けな

かった。すかさず、倭建命は刀を抜いて出雲建を討ち殺した。そして倭建命は歌を詠んだ。

「やつめさす　出雲建が佩《は》ける刀《たち》　つづらさは巻き　さ身無しにあはれ」

（出雲建が帯びた刀は、蔓がたくさん巻かれて立派だが、刀身がないとはなんとまあ哀しいことか）


（朝廷）


命は、このように各地を平定して都へ帰還し、復命した。

ところが景行天皇は、さらに重ねて倭建命に命じた。

「東方の十二の国の荒ぶる神と、まつろわぬ者どもを平定し従わせよ」

と言って、吉備の臣らが祖、御鉏友耳建日子《みすきともみみたけひこ》を伴って派遣する時に、ひいらぎの八尋矛を授けた。


（伊勢）


命は東国への途次、伊勢神宮に参拝し、その斎宮《さいくう》であった姨《おば》の倭比売命《やまとひめのみこと》にこう言った。

「天皇《おおきみ》が、私のことを死ねと思うのは、なにゆえなのでしょう。西の方の悪人どもを討ちに（私を）遣わして、（都に）帰参してから、まださほどの時もたたないのに、軍勢も与えないで、今、更に東の方の十二か国の悪人どもを平定しに（私を）派遣します。これでは、私など早く死んでしまえと（天皇が）思われているとしか考えられません。」

命は泣きながら嘆いた。倭比売命はそんな命に草薙剣《くさなぎのつるぎ》を授け、また御嚢《みふくろ》を与えて、こう言った。

「もし緊急の事態に遭遇したならば、この嚢の口を開けなさい」と。


（尾張）

命は尾張国に赴き、その地の国造の祖・美夜受比売《みやずひめ》の家に入った。そして東征から戻った時に婚姻することを確約して、ただちに相模国に向かい、山河の荒ぶる神、またまつろわぬ人どもを言霊により平定した（言向け和平しき）。

（相模・焼津）

相模国に至った時に、出迎えた国造《くにのみやつこ》が案内をするどころか虚言を弄した。

「この野原の中に大きな沼があります。この沼に住む神は非常に強い霊力のある荒々しい神です」

そこで命は、その神を見定めようとしてその野原に入って行った。するとその国造は、火をその野原に放った。

命は欺かれたと知って、姨から与えられていた嚢を開けると、中には火打石が入っていた。そこでまず、御刀で周囲の草を薙ぎ払い、次に火打石で向かい火を付けて火勢を退けて脱出し、国造どもをことごとく斬り滅ぼして、死体は即座に焼いた。それゆえ、この地を今に至るまで焼津《やいづ》という。

（相模・走水《はしりみず》）

そこからさらに進んで、走水の海を渡った時に、その海峡の神が波を起こし、船を迷走させるので、進んで渡りきることができない。

そのとき、命の后《きさき》の一人である弟橘比売《おとたちばなひめ》が言った。

「わたしが皇子の身代わりとして海へ入りましょう。皇子は派遣された政務を成し遂げて（天皇《おおきみ》に）復命しなければなりません」

比売がまさに海へ入ろうとする時、菅の敷物、皮の敷物、絹の敷物を何枚も重ねて波の上に敷き、その上に下りて行った。これによって、その荒波は自然と凪いで、船は進むことができるようになった。その際に后が歌を詠んで言うには、

「さねさし　相模《さがみ》の小野に　燃ゆる火の　火中《ほなか》に立ちて　問ひし君はも」

（相模の野において燃え立つ火の中で、わたしの心配をしてくださった貴方よ）

そうして七日の後に、その后の櫛が海辺に流れ着いた。そこで、その櫛を取り上げ、御陵《みはか》を作って納めた。

（東国の蝦夷）

そこからさらに進んで、荒ぶる蝦夷《えみし》どもをことごとく言向け（言霊《ことだま》によって服従させ）、また、山や河の荒らぶる神たちを平らかに服従させた。

（足柄・坂本）

帰還しようとして足柄峠の坂本に到着し、御粮《みかれい》（乾飯《かれいい》）を食していたところに、その坂の神が白鹿に化身して出現した。

そこで即座に命は、食べ残した野蒜《のびる》の片端を持って、待ち構えて打ち込んだところ、その目に当てて打ち殺した。

命はその坂に登り立って、三度嘆息して言った。

「あづまはや（わが妻よ、ああ）」

それゆえ、その国を名付けて阿豆麻（東の国、吾妻）という。

（甲斐・酒折《さかおり》）

そしてその国から甲斐へと超え出て、酒折の宮に到着した時に、命が歌で言った。

「新治《にひばり》　筑波《つくば》を過ぎて　幾夜か寝つる」

（新治や筑波の地を過ぎてから、今までに幾夜寝たことか）

すると、その宮の篝火を焚き続ける役目の翁が、その御歌に続けて歌を言上した。

「かがなべて　夜には九夜《ここのよ》　日には十日を」

（日数を重ねて、夜では九夜、昼では十日になります）

これによって、その翁を褒めて、即座に東《あづま》の国造《くにのみやつこ》に任じた。

（信濃・尾張）

倭建命は、そこからさらに科野《しなの》（信濃国）へとさらに進み、そこの神を（言向けて）従えた後、尾張国へ戻った。前に約したとおり、美夜受比売と結婚するためである。

ところが、比売が大御《おおみ》食《け》を献上し、大御《おおみ》酒盃《さかづき》を捧げた時、美夜受比売の衣の裾に月経の血が着いていた。その経血を見て命が歌を詠んだ。

「ひさかたの　天の香久山　（天香久山に）
とかまに　さ渡る鵠《くび》　（鎌の刃のような首の白鳥が渡って行く）
ひはぼそ　たわや腕《かいな》を　（その細い首のようになよやかな腕を）
まかむとは　あれはすれど　（枕にしようと思うが）
さ寝むとは　あれは思へど　（ともに寝ようとわれは思うが）
ながけせる　おすひの襴《すそ》に　（あなたの衣のすそに）

月たちにけり」　（月が立ってしまった）

そこで、美夜受比売は歌で答えた。

「高光《て》る　日の御子　（輝ける日の御子）
やすみしし　わが大君　（やすまれている私の尊いおかた）
あらたまの　年がきふれば　（新しい年が来るように）
あらたまの　月はきへゆく　（新しい月は消えます）
うべなうべな　君待ちがたに　（おっしゃるとおり　あなたを待ちきれなくて）
わがけせる　おすひの襴に　（私の着ている衣のすそに）
月たたなむよ」　（月が昇ります）

さて、そのようにして結婚し、御刀の草薙剣を美夜受比売のもとに置いて、伊吹山の神を討ち取りに出かけた。

伊吹山山頂に立つ日本武尊石像

（伊吹山）

命は、「この山の神は素手で討ち取ろう」と言って、その山に登った時に、白い猪と、山のほとりで出会った。その大きさは牛のようであった。命は、あえて言挙げして言うには（神に対して言挙げするのは禁忌）、「この白い猪に化身しているのはその神の使者であろう。今殺さずに、伊吹山の神を討ち取ってから帰りに殺そう」と。

山の神は大雨を降らせて、倭建命を幻惑し罹患させた（言挙げしたことによる神罰）。

（居醒《いさめ》〜三重）

命は帰還すべく山を降って、玉倉部の清水に着いて休息し、ようやく正気に戻った。それゆえ、その清水を名付けて居醒の清泉とした。

そこからあらためて出立し、当芸野《たぎの》の上に至ったときに言った。

「私は心の内で、いつも空を飛んで行きたいと念じていた。しかしながら、今は足で歩くこともままならない。びっこをひくようなありさまだ」

それゆえその地を名付けて当芸《たぎ》という。そこから少し行くと、非常に疲れたので、杖をついてゆっくりと歩くようになった。そこを名付けて杖衝坂《つえつきざか》という。尾津のさきの一本松のもとに着いた時に、行きがけに食事をした際に、そこに忘れた御刀がなくならずにそのままあった。そこで歌を詠んだ。

「尾張に　ただに向かへる　　　（尾張に直接向かっている）
尾津の崎なる　一つ松　あせを　（尾津の岬にある一本松よ　なあお前）
一つ松　人にありせば　　　　（一本松がもし人であったなら）
大刀はけましを　きぬ着せましを　（大刀を佩かせようものを　着物を着せようものを）
一つ松　あせを」　　　　　　（一本松よ　なあお前）

尾津を出発してある村に至った時に、また言った。

「わが足は、三重の曲がり餅のようで、とても疲れた」

それゆえそこを名付けて三重《みえ》という。

（能褒野《のぼの》）

さらに進んで、能褒野《のぼの》に至った時に、国を偲んで歌った。

「倭《やまと》は　国のまほろば　たたなづく　青垣　山隠れる　倭しうるはし」

（大和は高く秀でた国だ　重なり合う青々と繁る垣や山に囲まれて　大和こそは美しい）

また歌って言った。

「命《いのち》の　またけむ人は　たたみこも　平群の山の　熊白檮《くまかし》が葉を　髻華《うず》に挿せ　その子」

（命の先のある人は真菰《まこも》の敷物のような平群の山の　樫の木の葉を簪《かんざし》にしてさせ　お前たちよ）

この歌は、国偲び歌である。また、こうも歌った。

「はしけやし　我家《わぎへ》の方よ　雲居《くもゐ》立ちくも」

（なつかしい　わが家のほうから　雲が湧いているではないか）

この歌は片歌である。この時に病が急変し危篤となった。それでも、歌を詠んだ。

「嬢子《をとめ》の　床のべに　わが置きし　剣《つるぎ》の大刀《たち》　その大刀はや」

（美夜受比売の床のあたりに置いてきた草薙の刀剣《つるぎ》　ああその大刀はどうしているだろう）

歌い終わるやいなや、命は崩御した。

そこで、早馬を仕立て、大和にいる后《きさき》、御子たち、皆が能煩野に下りきて、御陵《みはか》を作り、そして、そこの傍にある田を這い廻って、泣いて歌を詠んだ。

「なづきの田の　稲がらに　稲がらに　匍匐《はらば》ひ廻《めぐ》ろふ　野老蔓《ところづら》」

（御陵の傍の田の　稲の茎に　その稲の茎に　這い回っている　山芋の蔓さながらに）

倭建命は大きな白い千鳥に化身して、天空高く飛んで、浜に向かって飛んで行った。

そして、后や御子らは、小竹原の苅株に足を傷つけながらも、その痛さを忘れて泣きながら追っていった。このときに后や御子はこう歌った。

「浅小竹原《あさじのはら》　腰なづむ　空は行かず　足よ行くな」

（篠の原で足腰も停滞る《とどこお》　空を飛ぶこともできず　歩くもどかしさ）

また、その海に入って苦労して追って行かれたときに歌ったのは、

「海処《うみが》行けば　腰なづむ　大河原の　植ゑ草　海処は　いさよふ」

（海を行くと足腰も停滞る《とどこお》　広い河原に生い茂る草が揺れているように　海では揺れる）

また、白鳥《しらとり》が飛んでその磯にいた時にこう歌った。

「浜つ千鳥　浜よは行かず　磯づたふ」

（浜千鳥なのに　浜へは降りずに　磯伝いに飛んで行くとは）

この四つの歌は、みんな（倭建命の／小碓命の）葬礼で歌ったものである。そして、今に至るまでその歌は、天皇の大葬で歌われる。

そして白鳥《しらとり》は、その国から空高く飛んでいって、河内の国の志幾《しき》に留まった。それで、そこに御陵を作って鎮め申し上げた。そしてその御陵を名付けて、白鳥《しらとり》の御陵《みささぎ》という。

ところが白鳥は、またそこからさらに天に舞い上がって何処かへ飛んで行った。

（＊出典『国史大系　古事記』

なお、「呪術」と考えられる箇所には傍線を引いたので確認されたい。）

『日本書紀』「日本武尊」の段全文

現代語訳・戸矢 学

（熊襲）

景行二十七年秋八月、熊襲がまた反乱を起こし、侵略をやめなかった。

冬十月十三日、天皇は熊襲を征討させるために、日本武尊を派遣した。この時、年は十六歳であった。出立に際して、日本武尊は、「私は、弓の得意な者と行きたい。どこかにそういう者はおらぬか」と言ったところ、ある者が、「美濃国に弓の名手がおります。名を弟彦公《おとひこのきみ》といいます」と教えた。そこで日本武尊は、葛城人の宮戸彦を派遣して、弟彦公を召喚した。美濃国の弟彦公は、石占《いしうら》の横立《よこたち》と、尾張の田子の稲置《いなき》、乳近《ちぢか》の稲置の三人を連れてやってきて、日本武尊に従って出発した。

十二月、熊襲国に到着した。そして地形を調査した。熊襲には名を取石鹿文《とりいしかや》（とろしかや）または川上梟帥《かわかみたける》という首領がおり、この時、すべての親族を集めて宴をしようとしていた。そこで日本武尊は髪を解いて童女の姿になり、川上梟帥の宴の様子をひそかに伺い、剣を裀《みごろ》の裏に隠し持ち、宴室に入って、女性たちの中に紛れ込んだ。川上梟帥はその童女の姿に目を付け、手を携えて自分の横に座らせ、酒を飲ませながら戯れた。やがて夜は更けて、人もまばらになり、しかも川上梟帥は酔っていた。すぐさま日本武尊は裀から剣を取り出し、川上梟帥の胸を刺した。

死をさとった川上梟帥は頭を下げて言った。「待たれよ、言いたいことがある」と。日本武尊が剣を留めると、川上梟帥は「あなたは何者か」というので「私は大足彦天皇《おおたらしひこのすめらみこと》の子である、名は日本童男《やまとをぐな》である」と答えた。すると川上梟帥がまた言った。「私はこの国で最強であって、誰も私に勝つことはできず、従わない者はいない。今まで多くの武人と遭ったが、皇子のような者はいなかった。賤しい賊の陋《いやし》い口で言うのだが、聞いてもらえるならぜひ尊号を奉りたい」と。

「許す」と答えたので、

「今より後は、日本武皇子と称えましょう」と言うやいなや、胸を刺し貫いてこれを殺した。日本武尊と称するのはこれが由縁である。

その後、弟彦たちを遣わして熊襲の一族郎党ひとり残さず斬殺し、完全に平定した。

海路で大和に戻る途中、吉備に着き穴海を渡った。そこに悪神がいたのでこれを殺した。また難波に至った時にも、柏済《かしわのわたり》悪神を殺した。済とは、和多利という。

(朝廷)

景行二十八年春二月、日本武尊が熊襲平定を奏上した。

「天皇の神霊の力により兵を挙げ、熊襲の首魁を誅殺し、その国をことごとく平定いたしました。これにより、西の国はすでに静謐となり、百姓《ひやくせい》は平穏であります。ただ、吉備の穴渡《あなのわたり》の神、および難波の柏渡《かしわのわたり》の神は悪心にて毒気を放ち、路ゆく人々を苦しめ、禍害の温床でありました。ゆえに、その悪神をことごとく誅殺し、それによって水陸の道を開いております。」

天皇は、日本武尊の功績を褒め称え、ことのほか愛《いつく》しんだ。

（朝廷）

景行四十年夏六月、多数の東夷が叛《そむ》き、辺境が騒動となった。

秋七月、天皇は群臣らに尋ねた。「今、東国は不安定で、暴神《あらぶるかみ》たちが決起しており、また蝦夷が謀叛を起こし人民を略奪している。この乱れを平定するには誰を遣わすのがよいか」と。しかし群臣は誰がよいかわからなかった。

日本武尊が奏上した。「私は西の国を平定したばかりゆえ、この役は大碓皇子《おおうすのみこ》に」

ところが大碓皇子はこれを恐れて、草叢に隠れてしまった。

天皇は使者に迎えに行かせ、言った。

「行きたくないなら、何で無理に行かせるものか。しかし敵に当たる前からそれほど恐れるとは何ごとか」

これをもって美濃を与えて治めさせました。これが、身毛津君《むげつのきみ》と守君《もりのきみ》の二族の始祖である。

日本武尊は雄々しく言った。

「熊襲を平定してより、いまだ幾年も経っておりませんが、今さらに東夷が叛いています。いったいいつになれば太平となるのでしょう。労あると思われますが、私がその乱を平定いたします」

これを聞いて天皇は斧《おの》と鉞《まさかり》（斧鉞《ふえつ》）を日本武尊に授けて言った。

「朕の聞いたところでは、東夷たちは生まれながらに凶暴で、略奪を本性とする。村には長《おさ》がおらず、邑《むら》には首《おびと》がいない。それぞれが境を犯して、互いに奪い合っている。また山には邪神、里には悪党がいて、道を塞いで人々を苦しめている。そんな東夷らの中にあっては、蝦夷が最も強い。男女が共に住み、父子の秩序もなく、冬は洞窟を住処とし、夏は樹上を住処としている。獣皮を着てその血を飲み、兄弟は互いに疑い合っている。飛ぶが如く山を登り、獣が走るが如く野を駆ける。受けた恩はすぐに忘れ、恨みは必ず報復する。頭の髻《みずら》に矢を隠し、懐に刀を隠す。徒党を組んで辺境を犯すものもいれば、稲や桑畑の収穫時期を窺って農民から略奪するものもいる。撃てば草に隠れ、追えば山に逃げ込む。それゆえ昔から王の統治がなされていない。

今、朕がお前の人となりを見るに、身体が大きく、容姿は端正で、鼎《かなえ》を持ち上げる程の力があり、雷電の如く猛々しく、向かうところ敵なく、攻めれば必ず勝つ。つまり、形は我が子ではあるが、実は神の子なのだ。これこそは、天が朕の不徳と国の乱れを憐み、皇統を繋げせしめ、宗廟を廃絶させないためなのだ。天下はお前の天下であり、この位はお前の位である。

願わくば、深く謀り遠く慮《おもんぱか》って、不正を探り変を伺い、威光を示し徳をもって懐柔し、武力を使うことなく従わせるように。まずは言葉によって暴神を調伏し、無理となれば武力を奮って姦鬼を討ち払え」

そして日本武尊は斧鉞を受け取り、再び奏上した。

「かつて西の国を征伐したときは、皇霊《みおやのみたま》の霊威に頼り、三尺の剣をもって熊襲国を撃ちました。そして幾ばくもなく賊首は罪に服しました。このたびは、天神地祇の霊に頼り、天皇の威光のもとに、徳の教えを以って行いますが、従わなければ武力で平定いたします」

と、重ねて礼拝して言った。

天皇は吉備武彦《きびのたけひこ》と大伴武日連《おほとものたけひのむらじ》とに命じて、日本武尊に従わせた。また、七掬脛《ななつかはぎ》を膳夫《かしはで》として従わせた。

（伊勢）

景行四十年冬十月二日、日本武尊は出発した。同月七日、日本武尊は迂回して伊勢の神宮に参拝し、倭姫命に挨拶をした。

「このたび天皇の命により、東征の将を仰せつかりましたので、お別れのご挨拶にまいりました」

倭姫命は草薙剣（＊本来は天叢雲剣が正しい）を取り日本武尊に授けて言った。

「慎重に。油断せぬよう」

〔駿河〕

この年、日本武尊は、はじめて駿河に至った。その地の賊は従うように見せかけて欺いた。

「この野には大鹿が多くおります。吐く息は朝霧のようで、足は茂った林のようです。狩りに行かれませ」

日本武尊はその言を信じて、野に入り獣を探した。賊は日本武尊を殺害しようと、野に火を放って焼いた。王は騙されたことを知り、燧《ひうちいし》で火を起こし、迎え火で逃れることができた。

ある伝承では、王が持っていた叢雲剣がひとりでに抜け、王の周りの草を薙ぎ払ったので、難を逃れることができたとされる。そこで、その剣を名付けて草薙という。叢雲とは、茂羅玖毛という。

王は、「あやうく騙されるところであった」と言い、その地の賊をことごとく焼き殺したので、その地を焼津《やいづ》という。

〔相模・馳水《はしりみず》〕

日本武尊はさらに進んで相模に着き、上総《かみつふさ》へ行こうと思われ、海を望んで高言を吐いた。

「これは小さな海だ。跳んで渡ることもできるだろう」

すると、海の中ほどまで来た時、突然暴風が起こり、王の船は渡ることが出来ずに波にのまれて漂った。

この時、王に従っていた妾《きさき》がいた。弟橘媛《おとたちばなひめ》といい、穂積氏《ほづみのうぢ》の忍山宿禰《おしやまのすくね》の娘である。その媛が王に言った。

「今、暴風が吹き波が速く、王の船が沈みそうになっているのは、きっと海神の心でしょう。どうかこの賤しい妾《わたし》の身ではありますが、王のお命に代えて海に入らせてください」

と謹んで申し上げるや否や海に入った。

するとすぐに暴風は止み、船は岸に着くことができた。そこで、時の人はその海を名付けて馳水《はしりみず》と呼んだ。

（陸奥国《みちのくのくに》）

さて日本武尊は、上総《かみつふさ》を経て、陸奥国に入った。王船に大きな鏡を掲げて、海路で葦浦《あしのうら》に回り、玉浦《たまのうら》を横に過ぎて、蝦夷《えみし》の国境に着いた。

蝦夷の賊首である嶋津神《しまつかみ》と国津神《くにつかみ》らは、竹水門《たかのみなと》で防衛しようとしたが、遥かに王の船を見て、その威勢に恐れをなし、勝ち目なしとして、悉《ことごと》く弓矢を捨てて、望んで拝礼して言った。

「お姿を仰ぎ見るに、およそ人に秀でておられる。もしや神であられようか。姓名をお聞かせいただきたい」

王は応えて言った。

「私は現人神《あらひとがみ》の子である」

すると蝦夷等はことごとく恐れ慄き、即座に衣服の裾をたくしあげて波を被い、王船の着岸をすすんで手伝った。さらには自ら捕えられて罪に服したので、その罪を許し、蝦夷の長らを俘囚として従わせた。

（酒折宮《さかをりのみや》）

蝦夷を平定し、日高見国《ひたかみのくに》から引き返して、西南《ひつじさるのかた》の常陸《ひたち》を経て、甲斐国《かひのくに》の酒折宮に滞在した。灯をともして夜の食事をした時に、仕える者に問うて言った。

珥比麼利《にひばり》　菟玖波塢須擬氐《つくばをすぎて》　異玖用伽禰菟流《いくよかねつる》

（新治や、筑波を過ぎて、幾夜寝ただろうか）

（注　本文はすべて漢文であるが、歌は万葉仮名で記されている）

仕える者たちは答えることができなかったが、時に、燭を灯していた者が続けて歌で応えた。

伽餓奈倍氐《かがなべて》　用珥波虚々能用《よにはここのよ》　比珥波苔塢伽塢《ひにはとをかを》

（日数を重ねて、夜は九夜、昼は十日です）

命は、燭を灯した人の聡明さを褒めて、褒賞を与えた。

なお、酒折宮に居るときに命は、靭部《ゆけひのとも》を大伴連《おほとものむらじ》の遠祖である武日《たけひ》に与えた。

ここにおいて日本武尊は言った。

「蝦夷の凶悪な首領は、皆、その罪に伏した。ただ、信濃国・越国《こしのくに》については、未だ従おうとしない」

そして、甲斐より北の、武蔵・上野《かみつけの》を転戦し、西の碓日坂《うすひのさか》に到着した。

時に日本武尊は、ことあるごとに弟橘媛のことを思う心があったので、碓日嶺《うすひのみね》に登り、東南の方向を望んで三度嘆いて言った。

「吾嬬《あづま》はや」（我が妻よ）

それで、この山より東の国々を吾嬬国《あづまのくに》という。
ここで道を分けて、吉備武彦を越国に遣わし、その地形の状況や従わない人民の様子を監察させた。

〈信濃〉

それから日本武尊は信濃に進入した。

この国は、山は高く谷は深く、嶺は青く重なり合っていて、人は杖をもってしても登るのは難しく、岩は険しく石坂が長く、高い峰が数千重なり、馬も怯《すく》んで進まない。

しかし日本武尊は霞を押し分け、霧をしのいで、遥か大山を進んだ。やがて峰に着き、山中で食事を取った。

その時、山の神が王を苦しめようとして、白鹿に化身して王の前に立った。王は不思議に思い、一箇の蒜《ひる》（にんにく）で白鹿を弾《はじ》いたところ、眼に当たって鹿は死んだ。

すると突然、王は道に迷い、出口が判らなくなってしまった。その時、白い犬がやってきて、王を導くような動きをしたので、その犬についていくと、美濃に出ることが出来た。

吉備武彦は越国から出てきて、ここで合流した。

これまで信濃坂を越える者は、神の邪気に当たり、病み臥せる者が多かった。しかし、白鹿討伐以降は、この山を越える者は、体や牛馬に嚙み砕いた蒜を塗ることで、神の邪気に当たることもなくなった。

〈伊吹山〉

日本武尊は尾張に戻り、尾張氏の娘の宮簀媛《みやづひめ》を娶って、月を越えて久しく滞在した。

その時に、近江の五十葺山《いぶきやま》（伊吹山）に荒ぶる神がいると聞いて、剣をはずして宮簀媛の家に置き、佩刀せずに行った。

膽吹山《いぶきやま》に着くと、山の神が大蛇《おろち》に化身して道を塞いだ。日本武尊は、主神《かむざね》が蛇に化けていることを知らずに、

「この大蛇は荒ぶる神の使いであろう。主の神を殺せば、使いなどとるに足らぬ」と言って、大蛇を跨いで進んで行った。

そこで山神は、雲を起こして雹《ひょう》を降らせたので、峰は霧深く谷は暗く、行く道がわからなくなり、進退定まらず、越える山も渡る川もわからなくなってしまった。それでも霧を押し分けて強行し、ようやく出口を見つけることが出来たのだが、酒に酔ったように正気を失っていた。そこで、山の下の泉のそばに座り、その水を飲むと覚醒した。ゆえに、この水を称して、居醒井《いさめがい》という。

（尾津）

日本武尊はここで、初めて病になったが、なんとか起き上がり尾張に帰ってきた。しかし、宮簀媛の家には寄らずに、伊勢に移動して尾津に行った。

かつて、日本武尊が東方に向かった年に、尾津浜で食事をしたが、その時、一振《ひとふり》の剣をはずして松の下に置き、そのまま忘れて行ってしまった。今、ここに戻ってみると、その剣がなおもそこにあったので、歌を詠んだ。

烏波利珥《をはりに》　多陀珥霧伽弊流《ただにむかへる》　比苔菟麻菟阿波例《ひとつまつあはれ》　比等菟麻菟《ひとつまつ》　比苔珥阿利勢麼《ひとにありせば》　岐農岐勢摩之塢《きぬきせましを》
多知波開摩之塢《たちはけましを》

（尾張に真っ直に向いている一本松よ　かわいそうなことよ　一本松が人であるならば　着物を着

せてやり、大刀を佩かせてやるのに）

（能褒野《のぼの》〜倭国《やまとのくに》〜昇天）

日本武尊は、能褒野に着く頃には、病がかなり重くなっていた。俘囚としていた蝦夷を伊勢神宮に献上した。そして吉備武彦を派遣して、天皇にこう奏上させた。

「私は勅命を受けて東夷を征伐いたしました。神恩の加護と、皇威によって、謀反の者どもは罪に服し、荒ぶる神はおのずから従いました。それで、鎧《よろい》を脱ぎ矛《ほこ》を収めて、やすらぎの中に帰ることが出来ました。いつの日にか天皇にこれを復命しようと願っておりましたが、天命たちまちに至り、余命いくばくもなさそうです。一人広野に臥し、誰かに語ることもありません。どうして我が身を惜しみましょうや。ただ、お会いできないことが残念でなりません。」

こうして日本武尊は能褒野で亡くなった。時に三十歳であった。

天皇は、これを聞いて、安らかに眠ることもできず、食事をしても味も感ぜず、昼夜泣き通し、胸を打って泣いた。このように大層嘆いて言った。

「我が子の小碓王《をうすのみこ》は、熊襲が謀叛したとき、まだ総角《あげまき》にもしていない年少だったのに、長い征伐に取り組み、いつも朕のおよばない所を補ってくれた。東夷が反乱を起こした時は、それを討つ者がおらず、しかたなく賊の地に入らせた。その間、一日たりとも思い出さない日は無かった。朝夕に落ち着かず、ただ帰ってくる日を待ちわびていた。何の禍《わざわい》か。何の罪か。思いもよらず、我が子を失ってしまうとは。これから先、いったい誰と天下を統治していけばよいのか」

そして、群卿に詔《みことのり》し百官に命じて、伊勢国の能褒野《のぼ》陵《ののみささぎ》に埋葬した。

ところがその時、日本武尊は白鳥に化身し、御陵から出て、倭国《やまとのくに》を目指して飛んでいってしまった。

群臣たちが棺を開けてみると、清らかな衣服だけが抜け殻のように残り、屍骨はなかった。

そこで、使者を遣わして白鳥を追わせたところ、白鳥は倭の琴弾原《ことひきのはら》に停まったので、そこに御陵を造った。

白鳥は更に飛んで河内に至り、奮市邑《ふるいちのむら》に留まったので、ここにもまた御陵を造った。

そこで時の人は、この三つの御陵を名付けて白鳥陵《しらとりのみささぎ》と呼んだ。

そして遂に、白鳥は天上へと高く翔け上り、ただ衣服と冠だけが葬られた。

ここに、日本武尊の功名を伝えようとして、武部《たけるべ》を定めた。

この年、天皇が即位して四十三年であった。

（＊出典『国史大系　日本書紀』
なお、「呪術」と考えられる箇所には傍線を引いたので確認されたい。）

戸矢 学

（とや・まなぶ）

1953年、埼玉県生まれ。國學院大学文学部神道学科卒。

【主著】

『神々の子孫 「新撰姓氏録」から解き明かす日本人の血脈』方丈社（2021）
『スサノヲの正体 ヤマトに祟る荒ぶる神』河出書房新社（2020）
『古事記はなぜ富士を記述しなかったのか　藤原氏の禁忌』河出書房新社（2019）
（＊『富士山、2200年の秘密』かざひの文庫〔2014〕の増補新装版）
『縄文の神が息づく　一宮の秘密』方丈社（2019）
『鬼とは何か　まつろわぬ民か、縄文の神か』河出書房新社（2019）
『東京ミステリー　縄文から現代までの謎解き1万年史』かざひの文庫（2019）
『アマテラスの二つの墓　東西に封じられた最高神』河出書房新社（2018）
『オオクニヌシ　出雲に封じられた神』河出書房新社（2017）
『深読み古事記』かざひの文庫（2017）
『縄文の神　よみがえる精霊信仰』河出書房新社（2016）
『神道入門』河出書房新社（2016）
『郭璞 「風水」の誕生』河出書房新社（2015）
『諏訪の神　封印された縄文の血祭り』河出書房新社（2014）
『神道と風水』河出書房新社（2013）
『三種の神器 〈玉・鏡・剣〉が示す天皇の起源』河出書房新社（2012／河出文庫版，2016）
『ニギハヤヒ 「先代旧事本紀」から探る物部氏の祖神』河出書房新社（2011／河出文庫版，2020）
『ヒルコ　棄てられた謎の神』河出書房新社（2010）
『怨霊の古代史』河出書房新社（2010）
『氏神事典 あなたの神さま・あなたの神社』河出書房新社（2009）
『カリスマのつくり方』PHP研究所（2008）
『天眼　光秀風水綺譚』河出書房新社（2007）
『ツクヨミ・秘された神』河出書房新社（2007／河出文庫版，2014）
『陰陽道とは何か』PHP研究所（2006）　他

公式ホームページ『戸事記』https://toyamanabu.jimdofree.com/

ヤマトタケル　巫覡《かんなぎ》の王

たった一人の征討とは？

二〇二一年一一月二〇日　初版印刷
二〇二一年一一月三〇日　初版発行
著　者――戸矢 学
発行者――小野寺優
発行所――株式会社河出書房新社
〒一五一-〇〇五一
東京都渋谷区千駄ヶ谷二-三二-二
電　話――〇三-三四〇四-一二〇一〔営業〕
〇三-三四〇四-八六一一〔編集〕
https://www.kawade.co.jp/
組　版――株式会社ステラ
印　刷――株式会社暁印刷
製　本――大口製本印刷株式会社

ISBN978-4-309-22836-5
Printed in Japan

戸矢学・著

スサノヲの正体
ヤマトに祟る荒ぶる神

日本神話最強の神にして
ある時は追放され泣き叫ぶ
悲劇の叛逆神、最大の祟り神。
スサノヲはどこから来て、
どこへ消えていったのか？
多層的な神の謎をついに解く！

河出書房新社